これがドイツ語だ！
－会話で文法－

Deutsche Grammatik macht Spaß!
Lernen durch Partnerübungen

杵渕　博樹
Sascha Klinger

同学社

――音声について――
🎧がついている箇所については、ネイティブスピーカーによる録音があります。
同学社のホームページよりダウンロードできます。
　　　http://www.dogakusha.co.jp/08894_onsei.html

まえがき

コンパクトな対話練習で〈ドイツ語感覚〉と文法を同時に！
　〈文法システムの概要の把握〉と〈コミュニケーションの基本の習得〉との両立が、本書の狙いです。限られた授業数・限られた学習期間で、ドイツ語のおおよその構造を体得し、同時に初歩的な実践力を身につけるにはどうしたらいいかを考えました。

本書の構成の特徴：三段階で文法をマスター！
　文法事項ごとに、例文を使った解説、対話練習、その他の練習問題という三部構成を基本としています。また、「ドイツ語のルール」では、その後の数課で学ぶ最重要ポイントをまとめて先取りしてあります。学習者にその後の見通しを持たせ、彼らが文法体系全体のイメージを把握するのを助けるためです。

対話練習：生きたドイツ語で会話の基礎を習得！
　学習した文法事項は対話練習で確認します。現代ドイツ語の雰囲気を伝えるリアルな会話で〈ドイツ語会話のノリ〉を学べます。また、本書の対話練習は暗唱や発表を想定してコンパクトにまとめてあります。このパートナー練習を教室の状況に応じて活用することで、メリハリのある参加型授業を容易に実現できます。

豊富な練習問題で総合力を養成！
　辞書を引くことを促しつつ、無理なく解答できる豊富な練習問題を用意しました。その都度の文法事項の定着を図ると同時に、学習の進行に応じて、読む能力、書く能力の養成に役立つよう工夫してあります。ドイツ語作文は一般にハードルの高いものですが、本書は「並べ替え」形式の練習問題によってスムーズな導入を可能にしています。

大学ならではのドイツ語教育のために
　例文や問題文は、大学生に期待される知的レベルを前提にして作られています。また、全体の構成にあたっては、文法体系の全体像をよりわかりやすく提示できるよう心がけました。文法体系の概要の把握は、「実用ドイツ語」「専門ドイツ語」の基礎ともなりますが、ひとつの大きな知的体験として、より普遍的な可能性を秘めています。本書が、大学ならではのドイツ語教育のツールとして、多くの現場で活用されることを願ってやみません。

2018年　早春　　　　　　　　　　　　　　　　　　　　　　　　　　　　　　　　著者

目 次

Lektion 1 つづりと発音・挨拶・数詞 ························· 1
ドイツ語のルール (1) ························· 6
Lektion 2 主語と動詞・人称変化 ························· 7
Lektion 3 名詞と冠詞・sein, haben, wissen ························· 13
Lektion 4 変音する動詞・人称代名詞の格変化・命令 ························· 19
Lektion 5 前置詞 ························· 25
ドイツ語のルール (2) ························· 32
Lektion 6 話法の助動詞・未来・分離動詞と非分離動詞 ························· 33
Lektion 7 形容詞 ························· 39
Lektion 8 過去と完了 ························· 46
ドイツ語のルール (3) ························· 52
Lektion 9 比較・形容詞の名詞化・分詞 ························· 53
Lektion 10 再帰・zu 不定詞・非人称 ························· 59
Lektion 11 指示代名詞・不定代名詞・受動・序数 ························· 66
ドイツ語のルール (4) ························· 73
Lektion 12 接続詞 ························· 74
Lektion 13 関係代名詞・関係副詞 ························· 80
ドイツ語のルール (5) ························· 87
Lektion 14 接続法 ························· 88
Lektion 15 接続法の時制・非現実表現 ························· 94
Lektion 16 冠飾句・心態詞 ························· 99

主な不規則動詞の変化表 ························· 101

Lektion 1
つづりと発音・挨拶・数詞

Das Alphabet

大文字	小文字	発音記号	大文字	小文字	発音記号
A	a	a:	N	n	ɛn
B	b	be:	O	o	o:
C	c	tse:	P	p	pe:
D	d	de:	Q	q	ku:
E	e	e:	R	r	ɛr
F	f	ɛf	S	s	ɛs
G	g	ge:	T	t	te:
H	h	ha:	U	u	u:
I	i	i:	V	v	faʊ
J	j	jɔt	W	w	ve:
K	k	ka:	X	x	Iks
L	l	ɛl	Y	y	Ýpsilɔn
M	m	ɛm	Z	z	tsɛt

Umlaut（ウムラウト）

Ä	ä	ɛ:	口をたてに大きめに開いてエの音を出す。
Ö	ö	ø:	唇をしっかりまるくして、エの音を出す。
Ü	ü	y:	唇を思い切りとがらせて、イの音を出す。

＊文字の上の点はeを表す。（ae, oe, ue）

−	ß	ɛs-tsɛt

＊エスツェットは小文字だけ。長母音と複合母音の後のssを表す。大文字ではSSと表記。

■ アルファベートの発音

＊母音（A, E, I, O, U）はローマ字式の読み方で音を伸ばす。
＊C, J, V, W, Z の読み方は要注意。英語やローマ字とは違う。
＊Y の最初の音は Ü の音。
＊L はエと言ったあと、舌を上の前歯の後ろにしっかりつけて発音する。
＊R はエと言ったあと、口蓋垂（喉びこ）を震わせる。（巻き舌も可）
　舌は浮かせたり丸めたりせず、下あごにしっかりつけて喉に空気をぶつける。

■ つづりと発音の基本

＊基本はローマ字式。だから例外を覚えよう。
＊J, V, W, Z は要注意。
＊二音節以上の単語には必ずアクセントがある。強弱のリズムが大切。
＊母音の長短に注意する。長い母音はキツイ音、短い母音はユルイ音になる。
＊語尾の e / en は口の力を抜いて曖昧に。

～よく使うセリフを覚えよう！～

●○●青い部分の発音に注意●○●

Danke! / Bitte!	Bitte! / Danke!

Guten Morgen!	Guten Tag!	Guten Abend!

＊後ろに母音のない d と g は濁らない：Tag, Abend

Guten Tag, Herr Neumann! / Guten Tag, Frau Meyer!
Wie geht es Ihnen? / Danke, gut. Und Ihnen? / Gut, danke.

＊au は口を緩めに構えて「アウ」と「アオ」の中間の音：Frau
＊ie は「イー」：Wie
＊eu は緩い「オ」の後に ü の音：Neumann　＊「オイ」でも「オユ」でもない！
＊ey は「アイ」：Meyer
＊母音のあとの h は伸ばす印：geht, Ihnen
＊語末の er は「アー」：Meyer

> Hallo, Sabine! / Tag, Jan!
> Wie geht's? / Es geht. Und dir? / Gut.

＊語末の r は「ア」: dir
＊母音の前の s は濁る: Sabine

> Mein Name ist Peter. Wie ist dein Name?
> Ich bin achtzehn Jahre alt. Wie alt bist du?

＊ei は「アイ」: mein, dein
＊t と z が並んだら、別々に発音しない。合わせて z の音: achtzehn
＊ch は空気の通る音。まるい母音（a, o, u）の後では喉を通る音: achtzehn
＊それ以外の場合、口の前の方を通る音。直前の口の形を保つのがコツ: ich

> Wir sprechen Japanisch. Wir lernen Deutsch.

＊sp はシュプ: sprechen / sch はシュ: Japanisch / tsch はチュ: Deutsch

■ つづりと発音の例外

＊語末の tion は例外発音。Z の音でツィオーン: Lektion, Nation, Revolution.
＊q の後ろには常に u が来て、クヴと発音: Qualität, Quelle.

〈つづりと発音の関係〉に注意して数詞を覚えよう

0 null	1 eins	2 zwei	3 drei	4 vier	5 fünf	6 sechs	7 sieben
	ei はアイ			ie はイー		chs はクス	

8 acht	9 neun	10 zehn	11 elf	12 zwölf	13 dreizehn
ach-	-eu-	-eh-			-ei-

14 vierzehn	15 fünfzehn	16 sechzehn	17 siebzehn	18 achtzehn	19 neunzehn
-ie-		-sech-	sieb-	ach-, -tz-	-eu-

20 zwanzig	21 einundzwanzig	22 zweiundzwanzig	23 dreiundzwanzig
-ig	(eins- ではなく) ein-		

30 dreißig	40 vierzig	50 fünfzig	60 sechzig	70 siebzig	80 achtzig	90 neunzig
-ßig			-sech-			

100 (ein)hundert	1000 (ein)tausend	365 dreihundertfünfundsechzig

1789 eintausendsiebenhundertneunundachtzig

1789 年 siebzehnhundertneunundachtzig

■ 数詞の特徴

* 13–19 には -zehn が、20–29、40–99 には -zig がつく。30–39 だけ -ßig がつく。
* 16, 60 は sechs から -s がぬける。17, 70 は sieben から -en がぬける。
* 20 は zwanzig となる。(zweizig ではない)
* 二桁の数字は一の位を先に読んで und でつなぐ。
* 二桁の数字で一の位が 1 のとき、eins から -s がぬけて、einund- となる。

Partnerübung 対話形式で発音練習をしよう。

5

1. A: Ich heiße Karl Blumenfeld. Wie ist Ihr Name?
   B: Mein Name ist Thomas Henning.
   A: Sehr angenehm!

2. A: Wie heißen Sie?
   B: Ich heiße Kaori Yanagi.
   A: Wie bitte? Buchstabieren Sie bitte.
   B: K-A-O-R-I Y-A-N-A-G-I.

3. A: Guten Tag Frau Böhme.
   B: Guten Tag Herr Walser.
   A: Wie geht es Ihnen?
   B: Gut, danke. Und Ihnen?
   A Sehr gut, danke.

4. A: Hallo, Bernd!
   B: Hallo, Anke! Wie geht's?
   A: Es geht. Und dir?
   B: Nicht schlecht.

5. A: Entschuldigung! Wo ist die Toilette?
   B: Da hinten.

6. A: Kommst du mit?
   B: Ja, gerne.

7. A: Essen wir Nachtisch?
   B: Warum nicht?

8. A: Noch ein Stück?
   B: Ja, gerne.

9. A: Noch eine Flasche?
   B: Nein, danke.

10. A: Darf ich?
    B: Ja, bitte!

11. A: Ich habe Hunger.
    B: Ich auch.

12. A: Hast du Durst?
    B: Ja. Du auch?

13. A: Bier oder Wein?
    B: Wein bitte!

14. A: Das ist für Sie!
    B: Danke!

15. A: Auf Wiedersehen!
    B: Auf Wiedersehen!

16. A: Tschüs!
    B: Tschüs! Bis morgen!

17. A: Alles klar?
    B: Alles klar!

18. A: Guten Appetit!
    B: Guten Appetit!

ドイツ語のルール (1)

動詞と名詞

1. 文の基本は主語と動詞。
2. 主語には六種類ある。(単複1〜3人称)
3. 動詞は主語に応じて語尾を変える。
4. 定動詞の語順は二番目。
5. 名詞には男性・中性・女性がある。
6. 名詞には四つ格がある。
7. 性と格は冠詞で表示される。

Lektion 2
主語と動詞・人称変化

文の基本は主語と動詞。文には主語があり、これに対応する動詞がある。

Ich lache. Du weinst. Er singt. Wir klagen. Ihr flieht.

動詞の構造：ドイツ語の動詞は**語幹**と**語尾**からできている。

kommen ⇒ komm- ＋ -en

単数 sg. Singular	1人称	ich 私は	trinke	-e
	2人称	du 君は	trinkst	-st
	3人称	er / sie / es 彼は / 彼女は / それは	trinkt	-t
複数 pl. Plural	1人称	wir 私たちは	trinken	-en
	2人称	ihr 君たちは	trinkt	-t
	3人称 敬称の2人称	sic / Sie 彼らは・彼女らは・それらは / あなたは・あなたがたは	trinken	-en

＊普通の名詞、固有名詞等は3人称として扱う。

■ 人称変化・定動詞・不定詞

＊動詞は主語の種類に応じて語尾を変える。これを人称変化と呼ぶ。
＊変化したあとの動詞を定動詞または定形と呼ぶ。
＊形を変える前（主語が定まる前）の元の形を不定詞または不定形と呼ぶ。
＊英語と違って「不定形」「不定詞」にもあらかじめ語尾がついている。
＊不定詞の語尾は -en か -n
　（例： lachen, weinen, ändern, lächeln）

■ du / ihr と Sie の使い分け

＊du / ihr は「君・おまえ・あんた」/「君たち・おまえたち・あんたたち」
＊Sie は「あなた・あなた方」
＊基準は上下関係ではなく距離感。親しければお互いに du / ihr. そうでなければお互い Sie.
＊ファーストネーム Vorname で呼び合う関係なら du / ihr を使う。
＊Familienname に「さん付け」（ドイツ語では Herr / Frau）なら Sie を使う。

■ 語順の基本：定動詞第二位

　　　　　　　Er wohnt jetzt in Deutschland.
　In Deutschland wohnt er jetzt.
　　　　　　Jetzt wohnt er in Deutschland.

＊英語とは異なり、主語の次が動詞とは限らない。
　（× In Deutschland, er wohnt… / × Jetzt, er wohnt… などは誤り）
＊主語は先頭に来ることも多いが、三番目（定動詞の後）に置かれることも多い。

■ 決定疑問文（疑問詞を使わない疑問文）と答え方：ja, doch, nein / nee

＊決定疑問文の文頭は定動詞、次に主語が来る。
＊英語の do / does にあたるものは使わない。

パターン1： 肯定の疑問文に肯定文で答える： ja
    Hören Sie gern Musik? Ja, ich höre gern Musik.
パターン2： 否定の疑問文に肯定文で答える： doch
    Hören Sie nicht gern Musik? Doch, ich höre gern Musik.
パターン3： 否定文で答える。（疑問文は肯定でも否定でもよい）： nein / nee（ne）
    Nein, ich höre nicht gern Musik.（くだけた表現では Nee）

■ 補足疑問文（疑問詞で作る疑問文）

＊文頭に疑問詞、次に定動詞が来る。

    Woher kommst du? — Ich komme aus Deutschland.
    Wo wohnst du? — Ich wohne jetzt in Tokio.

■ 否定

＊nicht は英語の not に相当する。
＊英語の do / does にあたるものは使わない。
＊定動詞を否定する場合（普通の否定文）は nicht を文末に置く。
    Er kommt heute nicht.
＊定動詞以外を否定する場合（部分否定）は、否定したい部分の前に置く。
    Er kommt nicht heute. Er kommt morgen.

Partnerübung 対話練習。覚えて相手の目を見て話そう。

I.

1. A: Mein Name ist _____.
   Wie ist Ihr Name? / Wie ist dein Name?
   B: Mein Name ist _____.

2. A: Ich heiße _____.
   Wie heißen Sie? / Wie heißt du?
   B: Ich heiße _____.

3. A: Ich komme aus _____.
   Woher kommen Sie? / Woher kommst du?
   B: Ich komme aus _____.

4. A: Ich wohne jetzt in _____.
   Wo wohnen Sie? / Wo wohnst du?
   B: Ich wohne jetzt in _____.

5. A: Was studierst du?
   B: Ich studiere Jura. (Literatur, Ökonomie, Informatik, Medizin…)

II.

1. A: Kochen Sie gern?
   B: Ja, ich koche gern.
   A: Ich auch!

2. A: Singst du gern?
   B: Nein, ich singe nicht gern.
   A: Ich auch nicht!

3. A: Tanzt ihr gern?
   B: Ja, wir tanzen gern.
   A: Ich nicht.

Übung 1　辞書で単語の意味を調べ、カッコ内の動詞を人称変化させ、和訳しよう。

1. Wir (lernen) Deutsch. Ihr (lernen) Japanisch.

2. Du (kommen) aus Österreich. Ich (kommen) aus Japan.

3. Zahlwörter (schreiben) man grundsätzlich klein.

4. Er (leben) schon lange in Berlin.

5. Ich (kochen) gern. Aber sie (kochen) nicht gern.

Übung 2　日本語文を参考に、単語を並べ替えてドイツ語文を作ろう。

1. 私たちはブレーメンに住んでいる。(wir, in Bremen, wohnen)

2. 彼女はミュンヒェンの大学で学んでいる。(sie, in München, studiert)

3. 私はマイアーさん（女性）を知っている。(ich, Frau Meyer, kenne)

4. 彼はピアノが上手だ。（上手にピアノを弾く）(er, Klavier, gut, spielt)
   ＊定動詞と結びつきの強い目的語は文末。

5. ここには長く滞在するの？ (du, hier, lange, bleibst)
   ＊時間情報が先、空間情報が後。

6. ペトラはたくさん飲まない。(Petra, viel, trinkt, nicht)

Übung 3　辞書を引いて和訳し、先頭に置く単語を変えて書き換えよう。

1. Sie besucht sehr oft Hamburg.

    和訳

    a. Sehr oft

    b. Hamburg

2. Wir kommen heute spät nach Hause.

    和訳

    a. Heute

    b. Spät

3. Leider habe ich morgen wenig Zeit.

    和訳

    a. Morgen

    b. Wenig Zeit

Lektion 3
名詞と冠詞・sein, haben, wissen

1. 名詞

名詞には文法上の性（男性・女性・中性）と複数形があり、冠詞で区別する。

Der Wind weht sanft. Die Sonne scheint hell.

Das Meer schimmert blau.

名詞には四つの格があり、性同様、冠詞で区別する。

Die Direktorin der Schule hat eine Tochter.

Der Vater schenkt dem Sohn das Fahrrad.

■ 文法上の性と複数形

* 名詞は（固有名詞以外も）最初の文字を大文字で書く。
* 名詞を辞書で引くと、見出し語に続けて 性　2格の語尾／複数形の語尾 の情報がある。
* 男性・女性・中性は m./f./n.（Maskulinum, Femininum, Neutrum の略）とも表示。

　例： Kind 中 (n.) -es (-s) / -er ： 中性名詞、2格 Kindes（または Kinds）、複数形 Kinder

* 複数形語尾は無語尾/e/er/en/n/s の6種類。語幹の母音が変音する場合もある。
　（er 型は、語幹に a/o/u/au があれば必ずウムラウトする。en 型（n 型）はウムラウトしない）

無語尾型	Bruder/Brüder, Lehrer/Lehrer, Mutter/Mütter, Vater/Väter.
-e 型	Jahr/Jahre, Tag/Tage, Tier/Tiere, Nacht/Nächte.
-er 型	Buch/Bücher, Glas/Gläser, Haus/Häuser, Mann/Männer.
-en 型	Frau/Frauen, Ohr/Ohren, Student/Studenten.
-n 型	Auge/Augen, Insel/Inseln, Schwester/Schwestern.
-s 型	Auto/Autos, Hotel/Hotels, Krimi/Krimis.

2. 冠詞

■ 定冠詞の格変化と名詞　（der は英語の the にあたる）

		男性　m.	中性 n.	女性 f.	複数 pl.
1格	が	der Vater その父親が	das Kind その子どもが	die Mutter その母親が	die Kinder その子どもたちが
2格	の	des Vaters その父親の	des Kindes その子どもの	der Mutter その母親の	der Kinder その子どもたちの
3格	に	dem Vater その父親に	dem Kind その子どもに	der Mutter その母親に	den Kindern その子どもたちに
4格	を	den Vater その父親を	das Kind その子どもを	die Mutter その母親を	die Kinder その子どもたちを

＊男性と中性は似ている。女性と複数も似ている。
＊男性・中性の 2 格は語尾に -s あるいは -es をつける。単語によって異なる。
＊複数の 3 格は語尾に -n をつける。複数形の語尾がもともと n で終わる場合はそのまま。
　（nn とはしない）

■ 定冠詞と不定冠詞

定冠詞（英語の the）				
	m.	n.	f.	pl.
1格	der	das	die	die
2格	des	des	der	der
3格	dem	dem	der	den
4格	den	das	die	die
上の表の冠詞だけを取り出したもの。				

不定冠詞（英語の a/an）		
m.	n.	f.
ein	ein	eine
eines	eines	einer
einem	einem	einer
einen	ein	eine
複数には不定冠詞はつかない。 男性 1 格、中性 1・4 格は語尾なし。 名詞の語尾については上の表を参照。		

■ 定冠詞類と不定冠詞類

定冠詞類				
	m.	n.	f.	pl.
1格	dieser	dieses	diese	diese
2格	dieses	dieses	dieser	dieser
3格	diesem	diesem	dieser	diesen
4格	diesen	dieses	diese	diese

dieser	jeder	jener	welcher	語尾がほぼ定冠詞 der と同様に変化する。ただし、中性1・4格に注意。代名詞として使うことも多い。
all	manch	solch		＊ Lektion 11 参照。

不定冠詞類（否定冠詞・所有冠詞）				
	m.	n.	f.	pl.
1格	mein	mein	meine	meine
2格	meines	meines	meiner	meiner
3格	meinem	meinem	meiner	meinen
4格	meinen	mein	meine	meine
否定冠詞 kein（英語の名詞につく no に相当）と所有冠詞は不定冠詞 ein と同様に変化。ただし、複数は定冠詞に準ずる。				

所有冠詞／人称代名詞　対応表					
mein	dein	sein	ihr/Ihr	unser	euer
ich	du	er, es	sie/Sie	wir	ihr

＊ unser と euer には語尾がついているわけではない。 例：unsere Meinung
＊ euer は語尾がつくと eur- となる。 例：eure Meinung, eures Autos

■ 所有代名詞 「～のもの」

＊所有冠詞は代名詞として単独でも使える。所有冠詞 ＋ 名詞 の名詞の部分を省略した形。
＊ただし、男性1格、中性1・4格では語尾を補う。（定冠詞類と同様の変化となる）
  例： mein Sohn ⇒ meiner   mein Kind ⇒ meins
＊定冠詞類と同じ語尾！
＊sein と組み合わせた述語的用法では、無変化でも使える。例： Das ist mein.

Partnerübung　対話練習

1. A: Sie wünschen? 　 B: Ich möchte einen Apfel. Was kostet der Apfel? 　 A: Sechzig Cent. (0,60 Euro)	2. A: Was bekommen Sie? 　 B: Ich nehme eine Kirschtorte und einen Kaffee. 　 A: Jawohl. Kommt sofort.
3. A: Wessen Tasche ist das? 　 B: Das ist meine Tasche.	4. A: Welches ist dein Auto? 　 B: Das da ist meins.

Übung 1 それぞれの文の一つ目の空欄を1格の定冠詞、二つ目の空欄を2格の定冠詞で埋めよう。
（注意：2格は後ろから前へかかる）

1. Er ist (　　　) Vater (　　　) Kindes.
2. Sie ist (　　　) Mutter (　　　) Mädchens.
3. Wer ist (　　　) Präsident (　　　) Schule?
4. Was ist (　　　) Thema (　　　) Buches?
5. (　　　) Dach (　　　) Hauses ist grün.
6. (　　　) Haare (　　　) Studentin sind lang.

Übung 2 辞書で単語の意味・用法を調べ、ヒントを参考にして、カッコ内の冠詞・冠詞類を適当な形に直そう。ただし、そのままでよい場合もある。

1. Ralf dankt (der) Freunden. (　　　　　)
2. Ich gebe (der) Kind Schokolade. (　　　　　)
3. (Der) Haus gehört (sein) Großvater. (1格)(3格) (　　　　　) (　　　　　)
4. (Der) Schüler zeigt (der) Lehrerin (der) Zähne. (1格)(3格)(4格)
　　　　　　　　　　　　　　　　　　　(　　　　　) (　　　　　) (　　　　　)
5. Beate sucht immer (ihr) Schlüssel. (　　　　　)
6. (Dieser) Fahrrad gehört (mein) Bruder. (1格)(3格) (　　　　　) (　　　　　)

7. (Der) Schuhe gefallen (mein) Vater sehr gut. (1格)(3格) (　　　)(　　　)
8. Herr Wagner schenkt (sein) Frau (ein) Uhr. (3格)(4格) (　　　)(　　　)
9. Frau Schumann kauft heute (ein) Kleid. (　　　)
10. (Der) Buch finde ich sehr interessant. Nur ist es etwas zu dick. (4格) (　　　)
11. Ich kaufe (der) Jacke nicht. Sie ist zwar schick aber zu teuer. (　　　)
12. Lernst du Deutsch (jeder) Tag? Nein, nicht (jeder) Tag. (4格) (　　　)(　　　)
13. (Der) Restaurant ist sehr gut. (All) Gäste sind zufrieden. (　　　)(　　　)
14. (Dieser) Klasse hat (kein) Problem. Aber (manch) Schüler lernen nicht genug.
　　　　　　　　　　　　　　　　　　　　　　(　　　)(　　　)(　　　)

■ 人称代名詞と文法上の性

＊事物を表す名詞（生物学的性別と無関係な名詞）でも、男性名詞は er で、女性名詞は sie で受ける。
＊中性名詞は、人間を表す名詞であっても es で受ける。

Übung 3 下線の名詞を受ける人称代名詞で空欄を埋めよう。

1. Das ist mein Lieblingswein. (　　　) schmeckt sehr gut.
2. Die Bäckerei da ist empfehlenswert. Aber leider ist (　　　) heute geschlossen.
3. Das Kind spielt gern draußen. (　　　) ist immer munter.
4. Mein Schreibtisch ist alt. Aber (　　　) ist praktisch.

3. 特殊な人称変化をする重要な動詞（sein, haben, wissen）

不定形	sein	haben	wissen
ich	bin	habe	weiß
du	bist	hast	weißt
er / sie / es	ist	hat	weiß
wir	sind	haben	wissen
ihr	seid	habt	wisst
sie / Sie	sind	haben	wissen
	英語の be： 独自の変化パターン	英語の have： 青いところが不規則	「〜を知っている」 単数主語で不規則

🎧 Partnerübung 対話練習
10

1. A: Hast du Geschwister?
   B: Ja, ich habe einen Bruder und eine Schwester.
2. A: Seid ihr Koreaner?
   B: Nein, ich bin Japaner und er ist Chinese.
3. A: Sind Sie müde?
   B: Ja, ein bisschen. Aber kein Problem.
4. A: Hast du Hunger?
   B: Nein, ich habe noch keinen Hunger.
5. A: Welchen Zug nehmen Sie?
   B: Das weiß ich noch nicht.

Übung 4 カッコ内の動詞を適切な形に直そう。ただし、そのままでよい場合もある。

1. Wir (haben) Hunger und Durst. (　　　)
2. (haben) du heute Zeit? Nee, leider (haben) ich heute keine Zeit.
   　　　　　　　　　　　　　　　　　(　　　)(　　　)
3. Ich (sein) Student. Meine Schwester (sein) auch Studentin. (　　　)(　　　)
4. Ihr (sein) immer lustig. (　　　)
5. Das Restaurant finde ich sehr gut. Da (sein) alles lecker. (　　　)
6. Wie spät (sein) es? Es (sein) 3Uhr. / Es (sein) halb 10.
   　　　　　　　　　　　　　　　　　(　　　)(　　　)(　　　)

Lektion 4
変音する動詞・人称代名詞の格変化・命令

1. 変音する動詞

主語が du のときと三人称単数のとき語幹の母音が変化する動詞

Ich spreche Deutsch. Du sprichst auch Deutsch.

Ich schlafe lange. Aber du schläfst nicht lange.

Ich lese gern. Aber sie liest nicht gern.

Ich esse viel. Aber er isst nicht viel.

■ 変音のパターン

＊ 変音のパターンは四種類あるが、o が変音するパターンは稀。
＊ 変音するのは、主語が du のときと三人称単数（er/sie/es）のときだけ。
＊ 語尾は普通の動詞と同様の変化。

	a ⇒ ä			e ⇒ i	
不定形	fahren	halten	laufen	essen	geben
ich	fahre	halte	laufe	esse	gebe
du	fährst	hältst	läufst	isst	gibst
er/sie/es	fährt	hält	läuft	isst	gibt
wir	fahren	halten	laufen	essen	geben
ihr	fahrt	haltet	lauft	esst	gebt
sie/Sie	fahren	halten	laufen	essen	geben

		e ⇒ ie		o ⇒ ö
不定形	nehmen	lesen	sehen	stoßen
ich	nehme	lese	sehe	stoße
du	nimmst	liest	siehst	stößt
er/sie/es	nimmt	liest	sieht	stößt
wir	nehmen	lesen	sehen	stoßen
ihr	nehmt	lest	seht	stoßt
sie/Sie	nehmen	lesen	sehen	stoßen

* esse, lesen, stoßen など語幹が s で終わるものは、主語が du のときと三人称単数のとき同じ形。

* laufen は läufst, läuft となったときの発音に注意。

* nehmen の変化は独特。

Partnerübung　対話練習
12

1. A: Morgen mache ich einen Ausflug. B: Schön. Wohin fährst du? A: Ich fahre nach Salzburg.	2. A: Er sagt nichts. Spricht er kein Deutsch? B: Doch, er spricht gut Deutsch. A: Wirklich? Das glaube ich nicht.

Übung 1　カッコ内の動詞を人称変化させ、和訳しよう。

1. Ich (laufen) nicht Ski. Aber Inge (laufen) gern Ski.

2. Ich (fahren) einen BMW. Karl (fahren) einen Mercedes-Benz.

3. Paul (sprechen) gut Englisch und Französisch.

4. Du (vergessen) sehr leicht.

5. Heinz (schlafen) eine Stunde. Dann (nehmen) er ein Bad.

■ 人称変化の際に注意が必要な動詞
13
　　Ich arbeite viel. Aber du arbeitest wenig.
　　Ich reise oft. Du reist auch oft. Aber er reist kaum.

* 語幹が t, d, chn, ffn で終わる動詞は、主語が du, er/sie/es, ihr のとき、語幹と語尾の間に e をはさむ。
* 語幹が s, z, ß で終わる動詞は、主語が du のとき、語尾に s を重ねない。(三人称単数のときと同形となる)
* 不定形が eln で終わる動詞は、主語が ich のとき l の前の e が欠落する。
  例： sammeln ⇒ ich sammle

Partnerübung　対話練習

1. A: Wie findest du das Hemd da? B: Das finde ich nicht schlecht.	2. A: Ich heiße Alex. Wie heißt du? B: Ich heiße Hanna. Angenehm!

Übung 2　カッコ内の動詞を人称変化させ、和訳しよう。

1. (Finden) du Japanisch schwierig?
2. Jemand klopft und du (öffnen) die Tür.
3. Jetzt (sammeln) ich Informationen.
4. Wolfgang (reden) nicht viel.
5. Ihr (arbeiten) sehr fleißig.
6. Das schmeckt sehr gut. Wie (heißen) das Gericht?

2. 人称代名詞の格変化

1格	ich	du	er	es	sie	wir	ihr	sie / Sie
2格	meiner	deiner	seiner	seiner	ihrer	unser	euer	ihrer / Ihrer
3格	mir	dir	ihm	ihm	ihr	uns	euch	ihnen / Ihnen
4格	mich	dich	ihn	ihn	sie	uns	euch	sie / Sie

	m.	n.	f.		pl.
参考：定冠詞 三人称の人称代名詞の変化は定冠詞の変化と似ている。	der	das	die		die
	des	des	der		der
	dem	dem	der		den
	den	das	die		die

■ 人称代名詞の 2 格に関する注意

＊所有の意味では使わない！（＊所有冠詞：Lektion 3）

＊動詞や前置詞の格支配（Lektion 5）に対応するが、使用頻度は低い。

＊前頁の表のとおり、所有冠詞に -er 語尾がついた形、または所有冠詞と同形。

Partnerübung　対話練習

| 1. A: Heiratest du Uwe wirklich?
　 B: Ja, ich heirate ihn. | 2. A: Kennen Sie Frau Schilling?
　 B: Ja, ich kenne sie gut. |

Übung 3　カッコ内の人称代名詞（1 格）を指定の格に変化させ、和訳しよう。

1. Ich liebe (du). Liebst du (ich)? (4)
2. Er schenkt (sie) ein Gemälde. (3) ＊彼女
3. Morgen besuche ich (ihr). (4)
4. Bitte erklären Sie (wir) das Problem! (3)
5. Das Motorrad gefällt (ich) sehr gut. (3)
6. Wir schicken (er) das Paket. (3)
7. Trefft ihr (er) morgen? (4)
8. Sie schreibt (ich) und ich antworte (sie). (3)
9. Manchmal helfe ich (sie). (3) ＊彼ら
10. Ich kaufe (du) die Fahrkarte. (3)

Übung 4　和訳した上で、カッコ内の名詞を人称代名詞に置き換えよう。

1. Hanno schenkt (den Eltern) Blumen.

2. Erich empfiehlt (seiner Freundin) den Film.

3. Annette gibt (dem Freund) einen Rat.

4. Ulrike vertraut (der Polizei) nicht.

5. Luise fragt (ihren Bruder).

3. 依頼 / 命令

> Komm doch! Esst mehr Salat!
>
> Nehmen Sie bitte Platz!

du に対する命令	語幹（+-e）	Du kommst. ⇒ Komm(e)!
ihr に対する命令	語幹＋-t	Ihr trinkt. ⇒ Trinkt!
Sie に対する命令	不定形＋Sie	Sie nehmen. ⇒ Nehmen Sie!

＊sein は例外：Sei …! / Seid …! / Seien Sie …!

■ 注意事項

＊arbeiten など語幹が t/d で終わる動詞は、du に対する命令形の語尾に -e が必要。

＊sprechen, lesen など du 主語で語幹の e が i/ie に変化する動詞は du に対する命令形の語尾に -e をつけない。

＊schlafen など du 主語で語幹の a が ä に変化する動詞は、命令形では変音しない。

不定形＼相手	kommen	arbeiten
du	Komm!	Arbeite!
ihr	Kommt!	Arbeitet!
Sie	Kommen Sie!	Arbeiten Sie!

不定形＼相手	essen	fahren	sein
du	Iss!	Fahr!	Sei … !
ihr	Esst!	Fahrt!	Seid … !
Sie	Essen Sie!	Fahren Sie!	Seien Sie … !

＊sein の変化は独特

🎧 Partnerübung　対話練習
17

| 1. A: Kommen Sie gut nach Hause!
　B: Danke. Auf Wiedersehen!
　A: Auf Wiedersehen! | 2. A: Entschuldigung, wo ist der Bahnhof?
　B: Gehen Sie hier geradeaus und dann die zweite Straße links. |

Übung 5 bitte を添えて命令文に直そう。

1. Du bist ruhig.
2. Sie sprechen langsam.
3. Ihr wartet hier.
4. Du fährst nicht so schnell.
5. Sie bringen mir ein Glas Wasser.

Übung 6 カッコ内の動詞を使って命令表現の文を完成させ、和訳しよう。

1. (schreiben) mir bitte bald! (grüßen) deine Frau von mir! *du

2. Auf Wiedersehen! (kommen) gut nach Hause! *Sie

3. Das ist unmöglich! (sein) bitte ernst! *Sie

4. Wir haben keine Zeit mehr! Bitte (beeilen) euch! *ihr

5. Bitte (nehmen) Platz! (machen) es sich bequem! *Sie

6. Das ist meine Spezialität. (essen) viel! *ihr

7. (besuchen) uns einmal in Aachen! Vielleicht noch im Sommer. *du

Lektion 5
前置詞

前置詞①

Wir fahren mit dem Bus. Er fährt mit der U-Bahn.

Trotz des Regens spielen wir Fußball.

Nach dem Essen gehe ich spazieren.

Durch den Wald führt ein Weg.

■ 前置詞に関する注意
* 基本は英語の前置詞と同じ。普通は名詞の前について前置詞句を作る。
* 前置詞によって、後ろにくる名詞の格が決まる。この現象を格支配と呼ぶ。
* 2格支配、3格支配、4格支配、3・4格支配の前置詞がある。

2格支配の前置詞の例

außerhalb	statt	trotz	wegen	während
〜の外側で	〜の代わりに	〜にもかかわらず	〜のせいで	〜のあいだに

3格支配の前置詞の例

aus	außer	bei	mit
〜(の中)から (由来・出所)	〜以外	〜のそば / 〜の際	〜と共に / 〜で (手段) (with)
nach	seit	von	zu
〜のあと / 〜によれば (地名に添えて) 〜へ	〜以来 (since)	〜から / 〜の / 〜について (from, of)	〜へ (to)

4格支配の前置詞の例

durch	für	gegen
～を通って / ～によって（原因） (through)	～のために / ～の代わりに (for)	～に対して / ～に向かって (against)
ohne	um	
～なしで (without)	～のまわり / ～時に（時刻） (around)	

Übung 1 ヒントを参考にして空欄を適当な前置詞で埋め、和訳しよう。

1. (　　　) einer Erkältung kommt Herr Arens nicht. Stattdessen kommt sein Sohn.
（風邪の為）

2. (　　) des Essens trinkt Udo nichts. (　　) dem Essen trinkt er Kaffee.
（食事中、食後）

3. (　　) des Sommers wohnt sie (　　) einer Villa in den Alpen.（夏の間、別荘で）

4. Wie lange dauert die Fahrt (　　) Berlin (　　) Hamburg?
   Etwa zwei Stunden (　　) dem IC.（ベルリンからハンブルクまで、ICで）

5. Wir bitten (　　) deine Hilfe. Ohne dich geht es nicht.（辞書でbittenの用法を確認）

6. (　　) uns weiß niemand Bescheid. Das bleibt unter uns.（私たち以外）

7. (　　) wem spielst du Tennis? Meistens (　　) Erika. Manchmal (　　) Julia.
（誰と？）

8. Katrin verdient gut und spart viel. Sie strebt (　　) Besitz.（辞書でstrebenの用法を確認）

9. Wir demonstrieren (　　) den Frieden und (　　) den Krieg.
（平和に賛成、戦争に反対）

10. Peter kommt (　　) der Schweiz. (　　) drei Jahren arbeitet er (　　) Österreich.
　　　　　　　　　　　　　　　　　　　　　　（スイス出身、三年前から、オーストリアで）

前置詞②

> 3・4格支配の前置詞は、3格支配と4格支配を使い分ける。
>
> Wir gehen in die Mensa.
>
> Jeden Tag essen wir in der Mensa.
>
> Die Katze springt auf den Stuhl.
>
> Der Hund liegt auf der Bank.

■ 3・4格支配の前置詞に関する注意

＊空間的意味の場合
　⇒ 場所、位置を表すときは3格支配。
　⇒ 移動や運動の方向を表すときは4格支配。
＊それ以外の場合（時間的意味、抽象的意味や熟語的用法の場合）はその都度決まっている。（辞書で確認できる）

■ 3・4格支配の前置詞一覧

an	auf	hinter	in	neben
際（きわ） ～に接して	～の上 (on)	～のうしろ ～の裏	～の中	～の隣
über	unter	vor	zwischen	
～の上方／～経由 ～について (over)	～の下 (under)	～の前 (空間／時間)	～の間 (between)	

🎧 Partnerübung　対話練習
20

1. A: Wo ist die Zeitung? 　 B: Sie liegt auf dem Tisch.	2. A: Wohin legen wir das Kissen? 　 B: Auf das Sofa.
3. A: Ich gehe jetzt in die Buchhandlung. 　 B: Die Buchhandlung? Wo liegt sie? 　 A: Hinter der Post.	4. A: Auf wen wartest du denn? 　 B: Auf Klaus. Er kommt sofort. 　 A: Na gut, dann warten wir mal.

Übung 2 空欄を定冠詞で埋め、和訳しよう。(性・数と前置詞の格支配に注意)

1. Er hängt das Gemälde an (　　　) Wand.

2. Das Gemälde hängt an (　　　) Wand.

3. In (　　　) Ecke des Zimmers stellt er den Sessel.

4. In (　　　) Ecke des Zimmers steht der Sessel.

5. Mein Haus liegt zwischen (　　　) Flughafen und (　　　) Uni.

6. Dieser Bus fährt von Freiburg über Würzburg nach Berlin.

7. Neuerdings diskutieren wir oft über Politik.

8. Wir stehen vor (　　　) Krise der Demokratie.

9. Dieses Jahr verbringe ich meinen Urlaub an (　　　) See.（海）

10. Nächstes Jahr verbringen wir unsere Ferien in (　　　) Bergen.

Übung 3 次の文章をドイツ語に訳そう。

1. 明日彼はヴェーラと海へ行く。(Vera, an die See)

2. その飛行機はロンドン経由でパリへ飛ぶ。(Flugzeug, fliegen)

3. 机の上に一冊の本がある。(liegen)

4. 生垣の向こうに誰かが立っている。(jemand, hinter, Hecke)

5. 何がその箱の中に入っているんですか？ (stecken, Kasten)

6. 私は朝食の前にトイレに行く。(Frühstück, auf die Toilette)

前置詞③

| 前置詞＋「それ」 | ⇔ | da＋前置詞 |
| 前置詞＋「何」 | ⇔ | wo＋前置詞 |

Er ist nicht gegen Atomenergie. Aber ich bin dagegen.

Womit schreibst du? Mit dem Füller.

■ 前置詞と代名詞の融合

* 前置詞に添えられた da- は（事物を指す）人称代名詞の意味を担う。
* 前置詞に添えられた wo- は疑問代名詞 was の意味を担う。
* 人間を指す場合はこの形は使えない。
* 母音で始まる前置詞の場合は r を挟み、dar-, wor-, となる。
  例： daran / woran, darin / worin

前置詞は後続の定冠詞と融合する場合がある。

Heute gehen wir ins Restaurant.

Das Restaurant liegt am Fluss.

■ 前置詞と定冠詞の融合

＊特定の組み合わせのみ融合する。

＊融合できる組み合わせの場合は、ふつうは融合させて使う。

＊ただし、定冠詞にアクセントを置いて指示性を強調する場合は融合させない。

■ 前置詞と定冠詞の融合の例

| an dem / am | an das / ans | auf das / aufs | bei dem / beim | in dem / im |
| in das / ins | um das / ums | von dem / vom | zu dem / zum | zu der / zur |

Partnerübung　対話練習

1. A: Wogegen protestieren sie?
   B: Gegen die Umweltverschmutzung.
2. A: Womit fährst du zur Uni?
   B: Mit der S-Bahn.

Übung 4　次の文章を和訳しよう。

1. Es gibt ein Problem. Heute sprechen wir darüber.

2. Mir ist schlecht. Seit gestern habe ich Fieber. Jetzt gehe ich zum Arzt.

3. Worum geht es in seinem Vortrag? Es geht ums Asylrecht in Deutschland.

4. Manchmal denke ich an meine Zukunft. Aber davon spreche ich kaum.

5. Vielleicht kommt Bernd auch. Aber ich rechne nicht damit.

6. Am Wochenende gehen wir wandern. Kommst du mit?

7. Im Frühling blühen viele Blumen. Der Frühling ist meine Lieblingsjahreszeit.

8. Am Mittwoch habe ich keinen Unterricht. Aber am Nachmittag jobbe ich in einem Café.

9. Seine Heimatstadt ist Konstanz. Sie liegt am Bodensee.

10. In der Schublade des Schreibtisches liegt ein Umschlag. Darin ist das Zeugnis.

Übung 5 次の文章をドイツ語に訳そう。

1. チーズは冷蔵庫の中だ。(der Käse, Kühlschrank)

2. 彼女は窓際に座って遠くを眺めている。(sitzen, in die Ferne blicken)

3. 彼は何のために戦っているのだろう。(kämpfen)

4. 週末に私は映画を見に行く。(ins Kino gehen)

5. 今日私たちは芝居を見に行く。(ins Theater gehen)

ドイツ語のルール (2)

助動詞構文／形容詞／過去

1. 助動詞構文における定動詞は助動詞。
2. だから助動詞が二番目。
3. 本動詞（もとの動詞）は不定形で文末。
4. 形容詞は名詞につくとき語尾が必要。
5. 形容詞の語尾は格変化する。
6. 動詞は過去形も人称変化する。

Lektion 6
話法の助動詞・未来・分離動詞と非分離動詞

1. 話法の助動詞

「話法の助動詞」は〈話し手／主語〉の〈態度／気持ち〉を表現する。

Er kann gut Klavier spielen.

Wir müssen morgen viel arbeiten.

Hier darf man nicht rauchen.

Ich will ihr die Wahrheit sagen.

Du sollst nicht lügen.

■ 助動詞構文（助動詞を使った文の語順）

元の文		助動詞を使った文
Er spielt gut Klavier.	⇒	Er kann gut Klavier spielen.

＊助動詞構文では助動詞が定動詞。だから二番目。元の動詞は不定形で文末。

| 1 | 助動詞 | 3 | 4 | … | 元の動詞の不定形 |

＊否定文の場合、nicht は「元の動詞」（本動詞）の前（最後から二番目）が基本。

不定形	können できる	müssen ねばならぬ	wollen するつもり	sollen するべき	dürfen してもよい	mögen 好む
ich	kann	muss	will	soll	darf	mag
du	kannst	musst	willst	sollst	darfst	magst
er/sie/es	kann	muss	will	soll	darf	mag
wir	können	müssen	wollen	sollen	dürfen	mögen
ihr	könnt	müsst	wollt	sollt	dürft	mögt
sie/Sie	können	müssen	wollen	sollen	dürfen	mögen

＊sollen を除き、主語が単数のとき（表の上半分）、語幹の母音が変化する。

＊主語が ich のときと er/sie/es のとき（表の一段目と三段目）、語尾がつかない。

■ 話法の助動詞の基本

＊können は英語の can,、müssen は英語の must と同じ意味。

＊wollen と sollen は裏表の関係。
　wollen は「意思」の助動詞、sollen は「他者の意思」と「伝聞」。

＊mögen は、普通の動詞として使われることも多い。

 Partnerübung　対話練習

1. A: Willst du mit mir ins Konzert gehen?
   B: Was für ein Konzert?
   A: Ein Streichquartett spielt Brahms.
   B: Interessant. Und wann?
   A: Heute Abend.
   B: Schade. Heute muss ich jobben.

2. A: Die Luft ist etwas stickig.
   B: Soll ich das Fenster aufmachen?
   A: Ja, bitte.

3. A: Es zieht. Darf ich das Fenster zumachen?
   B: Ja, bitte.

Übung 1　和訳を参考にして空欄を助動詞で埋めよう。

1. (　　　　) du mir helfen?　手伝ってもらえない？
2. (　　　　) ich Sie etwas fragen?　ちょっと質問してもよろしいでしょうか？
3. Heute (　　　　) ich einkaufen gehen.　今日は買い物に行くつもりです。
4. Sie (　　　　) noch etwas warten.　もう少しお待ちいただかないといけません。
5. Hier (　　　　) man nicht parken.　ここは駐車禁止です。
6. Herr Klinger (　　　　) sehr reich sein.　クリンガー氏は大金持ちなんだそうです。

2. 未来・推量

> Frank wird wohl krank sein.
>
> Du wirst sofort nach Hause zurückkommen!
>
> Ich werde die Prüfung bestehen!

■ werden についての注意

* 主語が二人称単数のときと三人称単数のとき不規則変化：du wirst, er/sie/es wird
* 主語が三人称なら推量、二人称なら命令、一人称なら決意。
* werden には、〈未来・推量の助動詞〉としての用法のほか、以下の用法がある。
  ① 〈状態の変化〉を表す普通の動詞としての用法
  ② 受動文を作る助動詞としての用法（Lektion 11）
* 純粋な時間的未来は、werden を使わず、助動詞ぬきの現在形の文に、未来の副詞を添えて表現。
  例：Morgen besuche ich meine Großeltern.

Übung 2 カッコ内の単語を正しく並べ替え、和訳しよう。

1. Seine Unehrlichkeit (viele Probleme, bringen, wird).

2. Morgen (es, wird, regnen). Übermorgen (es, schneien, wird).

3. Im nächsten (ich, Sommer, nach Wien, reisen, werde)!

4. Es ist schon zehn Uhr. Du (gehen, wirst, ins Bett, gleich)!

3. 知覚動詞と使役動詞：「見る」「聞く」「させる」（「してもらう」）

> Ich sehe oft die Schüler im Park spielen.
>
> Wir hören manchmal den Nachbarn laut singen.
>
> Morgen lasse ich mein Motorrad reparieren.

■ 知覚動詞と使役動詞について

* sehen: du siehst, er/sie/es sieht.
* lassen: du lässt, er/sie/es lässt. 英語の let にあたる。
* 文末に不定詞が来る点に関しては、助動詞構文と同じ。

Übung 3 次の文章を和訳しよう。

1. Lass mich gehen! / Nein, ich kann dich nicht gehen lassen.

2. Im Dunkeln höre ich die Frau leise seufzen und dann flüstern.

3. Beim Bummeln am Strand sehe ich die Sonne am Horizont versinken.

4. In diesen Tagen fühle ich mein Ende nahen. Ich bin mit meinem Leben zufrieden.

4. 分離動詞と非分離動詞

> Mein Zug kommt um 8 Uhr in Würzburg an.
>
> Dann rufe ich dich wieder an.

> Dazu muss man im Voraus die Erlaubnis bekommen.
>
> Beginnen wir jetzt damit!

■ 分離動詞と非分離動詞について

＊分離動詞と非分離動詞は、動詞本体と前つづりからできている。

　　　　ankommen ⇒ |an| + |kommen|
　　　　bekommen ⇒ |be| + |kommen|

＊分離動詞の前つづりにはアクセントがある。

＊非分離動詞の前つづりにはアクセントがない。

＊分離動詞は、定動詞のとき、前つづりが分離して文末に置かれる。

　　　anrufen: Ich rufe ihn unbedingt an.

＊助動詞構文の場合は通常の動詞同様、不定形（不定詞）で文末。

　　　Ich werde ihn unbedingt anrufen!

＊分離動詞の前つづりには、前置詞と同じ形をしたものが多い。

非分離動詞の前つづり

| be- | emp- | ent- | er- | ge- | ver- | zer- |

分離動詞・非分離動詞双方に現れる前つづり

| durch- | hinter- | über- | um- | unter- | voll- | wider- | wieder- |

＊übersetzen, umschreiben などは分離動詞と非分離動詞がある。辞書で確かめてみよう。

Partnerübung　対話練習

1. Am Telefon
A: Ich hole Sie am Bahnhof ab.
B: Sehr freundlich!
A: Wann kommt Ihr Zug in Münster an?
B: Moment bitte … . Um 10.15 Uhr.
A: Alles klar! Treffen wir uns* an der Bushaltestelle A.
B: Vielen Dank! Dann bis Donnerstag.

2. In der Uni
A: Hallo Julia! Hast du Zeit?
B: Nee, jetzt beginnt die Vorlesung. Hast du etwas vor?
A: Am Abend fahre ich in die Stadt. Kommst du mit?
B: Hm, ich weiß es noch nicht. Nach der Vorlesung rufe ich dich an, ok?

＊再帰代名詞。Lektion10 参照。

Übung 4 カッコ内の単語を正しく並べ替え、和訳しよう。

1. Ich (gar nicht, seine Behauptung, verstehe).

2. Heute (ich, sehen, möchte, einen Film). Was empfiehlst du?

3. Kannst (ausführlich erklären, mir, du, den Plan)?

4. Meine Tochter (und, auf, steht, um 7 Uhr) isst zum Frühstück immer Brot und Marmelade.

5. Sie (wieder, will, schon, durchsetzen, ihren Willen).

6. Ihre Frage (ich, kann, beantworten, jetzt nicht). Ich muss noch überlegen.

7. Darf (Herrn Wolf, ergänzen, ich)? Ich meine, grundsätzlich hat er recht.

8. In diesem Monat (sie, muss, übersetzen, ins Japanische, das Buch).

Lektion 7
形容詞

1. 形容詞の述語的用法と付加語的用法

> Seine Haare sind schwarz, seine Augen sind braun.
>
> Er hat schwarze Haare und braune Augen.
>
> Die Ampel ist jetzt rot. Aber sie wird bald grün.
>
> Eine rote Ampel bedeutet Halt.

■ 述語的用法と付加語的用法について

＊形容詞の基本は英語と同じ。
＊sein 動詞等と一緒に使う「述語的用法」
＊名詞に直接付ける「付加語的用法」
＊付加語的用法では、形容詞に語尾が必要。
＊この語尾は、名詞の性、数、格に応じて変化するので「格語尾」という。
＊格語尾の変化パターンは、冠詞の有無と種類に応じて以下の三種類。

①無冠詞の場合の格語尾

	男性 (m.)	中性 (n.)	女性 (f.)	複数 (pl.)
1格	guter Wein	warmes Essen	kalte Suppe	frische Früchte
2格	guten Weins	warmen Essens	kalter Suppe	frischer Früchte
3格	gutem Wein	warmem Essen	kalter Suppe	frischen Früchten
4格	guten Wein	warmes Essen	kalte Suppe	frische Früchte

＊ほぼ定冠詞の格変化と同様。ただし、男性と中性の2格は定冠詞の場合と異なる。

②定冠詞類が付く場合の格語尾　　　③不定冠詞類が付く場合の格語尾

	m.	n.	f.	pl.
1格	-e	-e		
2格	-en	-en	-en	-en
3格	-en	-en	-en	-en
4格	-en	-e		

	m.	n.	f.	pl.
1格	-er	-es	-e	
2格	-en	-en	-en	-en
3格	-en	-en	-en	-en
4格	-en	-es	-e	

■ 冠詞が付く場合の格語尾（上の表②、③）について

＊定冠詞類（der の仲間）が付く場合： 表のとおり、語尾は e と en の二種類。
＊不定冠詞類（ein の仲間）が付く場合： 男性 1 格と中性 1・4 格に注意。
　（そこだけ定冠詞式の語尾）
　※不定冠詞類は、男性 1 格と中性 1・4 格が無語尾。

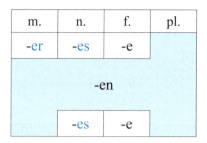

Partnerübung　対話練習

1. A: Du siehst heute sehr schick aus. B: Wirklich? A: Die blaue Jacke finde ich schön. B: Das kaufte ich schon vor langer Zeit. Aber sowas ist ja wieder in Mode.	2. A: Hast du dir die Haare geschnitten? B: Ja. Ziemlich kurz, nicht? A: Dir stehen lange Haare besser. B: Das ist mir egal. Im Sommer ist es zu heiß hier in Japan.

Übung 1　空欄に格語尾を補い、和訳しよう。

1. Ich finde deine neu(　　　) Jacke sehr schön. Sie steht dir gut.

2. Die ledern(　　　) Tasche da gefällt mir gut. Aber sie ist zu teuer.

3. Mein alt(　　　) PC funktioniert nicht mehr. Ich muss einen neu(　　　) PC kaufen.

4. Der Professor fährt einen hellblau(　　　) Sportwagen.

5. Was machen wir bei schlecht(　　　) Wetter?

6. Ein klein(　　　) Vogel sitzt auf dem Dach und zwitschert.

7. Es riecht gut. Woher kommt der süß(　　　) Duft?

8. In Deutschland isst man traditionell zum Abendessen eine kalt(　　　) Mahlzeit.

9. Ich habe ja ein schlecht(　　　) Gewissen. Aber was kann ich schon machen?

10. In Europa herrscht heute eine ungewöhnlich(　　　) Wetterlage.

2. 形容詞の副詞的用法

> Das möchte ich möglichst billig kaufen.
>
> Fahr nicht so schnell, Anja! Wir haben noch Zeit.
>
> Bitte sprechen Sie langsam, Herr Schmidt!

Übung 2 カッコ内の単語を正しく並べ替え、和訳しよう。

1. Das möchte (teuer, möglichst, verkaufen, ich).

2. Der Film (schrecklich, ist, langweilig). Den (du, musst, sehen, nicht).

3. Ihr Vater ist ein (netter, wirklich, Mensch). Und unglaublich lustig!

4. Er singt (sie, kraftvoll, und) tanzt brillant. Die Aufführung muss sehenswert sein.

5. Eigentlich (kochen, kann, meine Frau, gut). Aber sie kocht leider nicht oft.

3. 形容詞の比較変化：比較級と最上級

＊英語同様、比較級は語尾に -er を、最上級は語尾に -st をつける。
例： klein, kleiner, kleinst   schön, schöner, schönst

＊比較級・最上級で a,o,u が変音する形容詞もある。
例： jung, jünger, jüngst   lang, länger, längst

※ kurz, laut, süß などつづりが s, t, z で終わるものは、最上級語尾が -est となる。
例： kürzest, lautest, süßest

■ 不規則な比較変化をする形容詞

原級	groß	gut	hoch	nah(e)	viel
比較級	größer	besser	höher	näher	mehr
最上級	größt	best	höchst	nächst	meist

■ 比較級の用法

35

Seine Tochter ist kleiner als dein Sohn.

Meine Mutter ist älter als mein Vater.

Haben Sie einen noch größeren Koffer als den hier?

Gibt es keinen einfacheren Weg als diesen?

＊比較対象は als で導く。
＊als は英語の as にあたるが、ここでは英語の than 同様の役割を果たす。
＊付加語的用法の場合は比較語尾 -er のあとに格語尾もつける。

Partnerübung　対話練習

1. A: Ich will jetzt umziehen. 　 B: Warum? Deine Wohnung ist nicht schlecht. 　 A: Ja, eigentlich möchte ich da bleiben. Aber die Miete ist für mich etwas zu teuer. Ich brauche eine billigere Wohnung.	2. A: Hast du Geschwister? 　 B: Ja, einen Bruder und eine Schwester. Die beiden sind älter als ich. 　 A: Ich habe eine Schwester. Sie ist jünger als ich. Sie geht zum Gymnasium. 　 B: Mein Bruder hat schon ein Kind. Es ist echt süß. Ich bin sein Onkel.

Übung 3　カッコ内の形容詞を比較級にして和訳しよう。(格語尾が必要な場合もあるので注意)

1. Berlin ist (groß) als Paris.

2. Sein Bruder ist (jung) als du.

3. Heute ist Tokio (warm) als Miyazaki.

4. Ich finde Deutsch (leicht) als Französisch.

5. Werner hat einen (neu) PC als ich.

6. Ich möchte (viel) verdienen als jetzt.

■ 最上級の用法

Eberhard ist der jüngste Teilnehmer am Wettbewerb.

Herr Schneider ist der älteste in unserer Arbeitsgruppe.

Heute ist der Tag am längsten im Jahr.

Auf dieser Strecke fährt der ICE am schnellsten.

Lena singt am schönsten in der Klasse.

＊ 定冠詞 ＋ 最上級 ＋ 名詞 の形で使用する。

＊ 最上級の語尾 –st のあとに格語尾も必要。

＊ 名詞が省略される場合もある。

＊ am ＿＿sten の形は、他の物や人と比べる場合だけでなく、
　同じ物の条件による違いを比べる場合にも使える。

＊ am ＿＿sten の形は、形容詞の場合だけでなく、副詞の最上級表現にも使える。

Partnerübung　対話練習

1. A: Oh, dein Notebook sieht ganz neu aus. Ist das der neueste Typ?
   B: Ja, das habe ich gestern gekauft.
   A: Geht es damit schneller als früher?
   B: Ich glaube ja. Aber es funktioniert etwas anders als der frühere Typ.
   A: Zuerst muss man sich halt daran gewöhnen.

2. A: Ich weiß, die größte Stadt in Deutschland ist Berlin. Aber welche Stadt ist die zweitgrößte? Hamburg?
   B: Richtig. Und dann München. Also, das ist die drittgrößte.
   A: Und Köln?
   B: Ja, Köln ist auch groß. Ich glaube, in der Bundesrepublik haben nur diese vier Städte mehr als eine Million Einwohner.

Übung 4 カッコ内の形容詞を最上級にして和訳しよう。（格語尾に注意）

1. Der (lang) Fluss in Europa ist die Wolga. Die Donau ist der zweitlängste.

2. Die Wellen sind hier am (groß).

3. Auf dieser Insel regnet es im Juli am (stark).

4. Daniela ist meine (gut) Freundin.

5. Anton ist der (fleißig) in der Klasse.

6. Ich finde Vera am (tüchtig) unter den Kollegen.

7. Zur Sommersonnenwende ist der Tag am (lang) im Jahr.

8. Diese Landschaft ist im Frühling am (schön).

Lektion 8
過去と完了

動詞の三基本形 (規則変化)		
不定形	過去基本形	過去分詞
語幹 + (e)n	語幹 + te	ge + 語幹 + t
kaufen	kaufte	gekauft

＊過去分詞は「完了」と「受動」の意味を持ち、形容詞として使われる場合もある。

1. 過去

Am Kiosk kaufte der Mann eine Zeitung.

Die Arbeiter forderten eine Lohnerhöhung.

Er surfte wirklich 40 Jahre lang jeden Tag.

	過去人称変化	現在人称変化
ich	kaufte	kaufe
du	kauftest	kaufst
er/sie/es	kaufte	kauft
wir	kauften	kaufen
ihr	kauftet	kauft
sie/Sie	kauften	kaufen

■ 過去人称変化について

＊主語が ich のときと、er/sie/es のときは、過去基本形のまま。

＊それ以外の人称では、現在形の場合と同様の人称変化語尾をつける。

Übung 1 カッコ内の動詞を過去形に直し、和訳しよう。

1. Zu diesem Zeitpunkt (gefährden) niemand mehr die diktatorische Macht.

2. Das Kaiserreich (wagen) die Invasion unter dem Vorwand des Schutzes der Untertanen.

3. Der anti-demokratischen Gesetzgebung (folgen) die systematische Kriegsvorbereitung.

4. Die reaktionäre Regierung (beschränken) Menschenrechte wie Redefreiheit.

5. Der Zweite Weltkrieg (dauern) sechs Jahre und endete 1945.

2. 現在完了

Alle Studenten haben schon sechs Jahre Englisch gelernt.

In den Ferien habe ich den Führerschein gemacht.

Hast du schon das Buch gekauft? Nee, noch nicht.

Mein Großvater hat uns einige alte Fotos gezeigt.

■ 現在完了について

＊助動詞 haben を定動詞とする助動詞構文 ⇒ 「二番目」に haben, 文末に過去分詞
　Ich schenke meiner Mutter Blumen. ⇒　Ich habe meiner Mutter Blumen geschenkt.
＊英語と異なり、単に過去のことがらを表現する場合にもよく使われる。
＊日常会話では、過去のことがらは主に現在完了で表現する。

Partnerübung 対話練習

1. A: Sie sprechen gut Deutsch. Wo haben Sie Deutsch gelernt?
   B: In Japan. Ich hatte einen Deutschkurs an der Uni.
   A: Sind Sie zum ersten Mal in Deutschland?
   B: Nein. Letzten Sommer war ich in München.

2. A: Was hast du gestern gemacht?
   B: Ich habe gejobbt. Sonntags jobbe ich immer.
   A: Was für einen Job hast du?
   B: Ich arbeite in einem Café als Kellnerin/Kellner.

3. 三基本形の不規則

Von September 2010 bis Juli 2012 war ich in Europa.

Die Gäste tranken Bier und Schnaps.

Gestern Abend haben wir Italienisch gegessen.

■ 三基本形 (不規則変化) について
＊動詞ごとに覚える。語幹の母音の変化に注意。
＊規則変化の場合と同様、過去分詞の語頭には ge- がつく。
＊混合変化：過去形の語尾が -te となり、過去分詞の語尾が -t となるパターン。
＊強変化：過去形の語尾が -te とならず、過去分詞の語尾が -en となるパターン。

不規則変化の例 (巻末の不規則変化動詞表参照)

	混合変化			強変化		
不定形	bringen	denken	nennen	essen	gehen	trinken
過去	brachte	dachte	nannte	aß	ging	trank
過去分詞	gebracht	gedacht	genannt	gegessen	gegangen	getrunken

不定形	特殊な変化をする例外			話法の助動詞		
	sein	haben	werden	können	wollen	mögen
過去	war	hatte	wurde	konnte	wollte	mochte
過去分詞	gewesen	gehabt	geworden	gekonnt	gewollt	gemocht

＊話法の助動詞は過去・過去分詞にウムラウトがつかないこと以外は規則変化。

＊mögen の変化は他の助動詞の場合と異なる。

Partnerübung　対話練習

> A: Hallo Hanno! Wo warst du heute? Warst du in der Uni?
> B: Nee, ich war zu Hause. Ich habe mein Zimmer sauber gemacht.
> A: Und jetzt? Gehen wir Bier trinken?
> B: Leider habe ich eine Verabredung. Ich treffe Monika.
> A: Schade. Dann viel Spaß!
> B: Danke. Tschüß!

＊過去形は主に文語として用いるが、sein, haben, 話法の助動詞などは口語でも過去形を多用する。

＊sauber gemacht は saubergemacht と続けて綴ってもよい。

4. 完了の助動詞 haben と sein

■ 完了の助動詞 sein

> Am Sonntag sind wir zu den Eltern gefahren.
>
> Gestern bin ich den ganzen Tag zu Hause geblieben.
>
> Meine Großmutter ist an Krebs gestorben.

＊多くの場合、完了の助動詞には haben を使う。

＊ただし、完了の助動詞に sein を使う場合もある。

＊「移動」や「状態の変化」を表す動詞を使った完了形は助動詞に sein を使う。

＊sein, bleiben を使った完了形も助動詞に sein を使う。

　（完了の助動詞として haben と sein のどちらを使うかは辞書に載っている）

5. 注意すべき過去分詞

> Herr Bauer hat in Wien studiert und promoviert.
>
> Ich habe dein Verhalten völlig verstanden.
>
> Heute bin ich sehr früh aufgestanden.

	-ieren 動詞		非分離動詞	分離動詞	（参考）
不定形	studieren	regieren	verstehen	aufstehen	(stehen)
過去	studierte	regierte	verstand	stand … auf	(stand)
過去分詞	studiert	regiert	verstanden	aufgestanden	(gestanden)

■ 注意すべき過去分詞について

＊ studieren, diskutieren, fotografieren など、-ieren で終わる動詞の場合、過去分詞は語幹に -t を添えるだけの形、studiert, diskutiert, fotografiert などとなる。(-ieren 動詞は、この点以外、つまり語尾に関しては規則変化)

＊ 非分離動詞（Lektion 6 参照）の場合も、過去分詞に ge をつけない。

＊ 分離動詞の場合、前綴りと動詞本体の間に ge がはさまる。

Partnerübung　対話練習

1. A: Hallo Alex! Hast du schon gegessen?
   B: Nee. Ich hatte keine Zeit. Jetzt gehe ich in die Mensa.
   A: Dann gehen wir mit!
   B: Na, klar.

2. A: Wo warst du in den Sommerferien?
   B: In Österreich. Wien war sehr schön. Es gibt viel zu sehen. Und du?
   A: Ich bin durch Spanien gereist. Dann bin ich zu einem Freund in Berlin gefahren und habe bei ihm gewohnt. Eine Woche oder so.

Übung 2 カッコ内の動詞を過去形に直し、和訳しよう。

1. Sein Vater (sein) Sänger an der Hofkapelle und außerdem tätig als Musiklehrer.

2. Der berühmte Komponist (wohnen) lange in Wien, zog aber in der Stadt mehrmals um.

3. Ich (sein) einmal in Hamburg. Da (studieren) ein Freund und ich habe ihn besucht.

4. 1917 (beginnen) der Maler mit der Arbeit an seinem populärsten Werk der Spätzeit.

5. Durch das Rückfenster des Taxis (beobachten) ich die Straße.

6. Zu Hause angekommen, (sein) wir ein wenig erschöpft.

7. Meine Mutter (holen) den Mantel aus dem Schrank heraus und (sagen) zu mir: „Zieh das an!"

8. Der Regen (sein) vormittags am stärksten und hörte abends auf.

Übung 3 カッコ内の動詞を過去分詞に直し、和訳しよう。

1. Vormittags bin ich im Schwimmbad (schwimmen).

2. Ludwig van Beethoven ist 1770 in Bonn (gebären).

3. Ihr Bruder ist vor zwei Jahren durch einen Verkehrsunfall (sterben).

4. Ich habe lange kein so schönes Fest mehr (erleben).

5. Sie hat eine Flasche Wein (trinken) und ist dann (einschlafen).

ドイツ語のルール (3)

形容詞の名詞化／再帰／受動／冠詞（類）と代名詞

1. 名詞化した形容詞には格語尾が残る。
2. 主語と同じものを指すのが再帰代名詞。
3. 受動文の助動詞には werden/sein を使う
4. 冠詞（類）にはほぼ同形の代名詞がある。

Lektion 9
比較・形容詞の名詞化・分詞

1. 比較のさまざまな表現

> Ursula ist so alt wie Harald.
>
> Daniel ist ebenso fleißig wie begabt.
>
> Frankfurt an der Oder ist weniger bekannt als Frankfurt am Main.
>
> Der Chef ist eher listig als klug. Ihm kann man nicht vertrauen.

■ 同等の表現・程度の強弱の表現など

* 比較して同等のとき： so＋原級＋wie＋比較対象
* ひとつのものの二つの属性を比べて同等のとき： so＋原級＋wie＋原級
 （同等であることを強調する場合は so のかわりに genauso / ebenso を使う）
* より程度が低い、度合いが弱いことの表現： weniger / minder＋原級
* ひとつのものの二つの属性を比べるとき： mehr / eher＋原級＋als＋原級
* 「～すればするほど、ますます～だ」：
 je＋比較級＋主語＋定動詞 ＋ desto / umso＋比較級＋定動詞＋主語

Übung 1 カッコ内の単語を正しく並べ替え、和訳しよう。

1. Uwe läuft (wie, so, schnell) Volker.

2. Martin denkt (leidenschaftlich, ebenso, wie) dogmatisch.

3. Sein Wort schien mir (als, bösartig, eher) kritisch.

4. Ich finde Margot (nervös, als, mehr) streng.

5. In der Nacht (der Wind, immer, stärker, wehte).

6. Je tiefer man taucht, (es, desto, wird, dunkler).

2. 形容詞のさまざまな用法

■ 形容詞の名詞化

* 冠詞＋形容詞＋名詞 から名詞を省略した形 ⇒ 形容詞の名詞化（名詞なので大文字）
* 格語尾の変化に注意！

     der deutsche Mann ⇒ der Deutsche
     die deutsche Frau ⇒ die Deutsche
     die deutschen Leute ⇒ die Deutschen

* 下の表は「ドイツ人」という表現を例に挙げたもの。（男性、女性、複数）
* もともと中性名詞が想定されている場合ばかりではなく、事物を表す場合は中性で名詞化する。
　例：「その重要なもの」： das Wichtige, des Wichtigen, dem Wichtigen, das Wichtige.

	⇒		⇒	
1	ein deutscher Mann	ein Deutscher	eine deutsche Frau	eine Deutsche
2	eines deutschen Mannes	eines Deutschen	einer deutschen Frau	einer Deutschen
3	einem deutschen Mann	einem Deutschen	einer deutschen Frau	einer Deutschen
4	einen deutschen Mann	einen Deutschen	eine deutsche Frau	eine Deutsche

	⇒		⇒	
1	der deutsche Mann	der Deutsche	die deutsche Frau	die Deutsche
2	des deutschen Mannes	des Deutschen	der deutschen Frau	der Deutschen
3	dem deutschen Mann	dem Deutschen	der deutschen Frau	der Deutschen
4	den deutschen Mann	den Deutschen	die deutsche Frau	die Deutsche

	⇒		⇒	
1	deutsche Leute	Deutsche	die deutschen Leute	die Deutschen
2	deutscher Leute	Deutscher	der deutschen Leute	der Deutschen
3	deutschen Leute	Deutschen	den deutschen Leute	den Deutschen
4	deutsche Leute	Deutsche	die deutschen Leute	die Deutschen

 Partnerübung　対話練習

> A: Du fährst den großen schwarzen Mercedes da?
> B: Quatsch! Der kleine daneben ist meiner.
> A: Was für ein Auto ist das?
> B: Das ist ein uraltes aus Japan. Aber es fährt noch gut.

Übung 2　カッコ内の単語を正しく並べ替え、和訳しよう。

1. Ich (in dieser Gegend, viele Verwandte, habe).

2. Der Arzt (vorsichtig, untersuchte, den Kranken).

3. Der Unterschied (wird, immer, Armen und Reichen, zwischen, größer).

4. Auf dem Rollbett (die Krankenpfleger, einen Verletzten, transportieren).

5. Der Terroranschlag (viele, verursachte, Tote und Verletzte).

6. Zuerst (die Göttin, zwei Äxte, dem Holzfäller, zeigte): Eine Goldene und eine Silberne.

7. (ist, Ihr Schirm, welcher)? / Der Rote da ist meiner.

Übung 3　次の文章を和訳しよう。

> Ein dicker Mann steigt aus dem Auto. Eine dünne Frau grüßt ihn und er gibt ihr die Hand. Der Dicke trägt einen guten Anzug und eine bunte Krawatte. Dafür macht ihm die Dünne Komplimente.

3. etwas/ nichts 等と中性名詞化した形容詞の組み合わせ

> Hast du etwas Neues gefunden?
>
> Es gab heute nichts Besonderes.

■ 中性名詞化した形容詞を使った表現

＊etwas / nichts / alles / viel / wenig などとの組み合わせによる表現。
　例：etwas …:「何か〜なもの」、nichts…:「何も〜なものがない」

Übung 4　カッコ内の単語を正しく並べ替え、和訳しよう。

1. Da sagte der Alte etwas. Das (ich, konnte, verstehen, nicht). Aber (es, etwas Wichtiges, sein, musste).

2. Einerseits (gefunden, ich, da, habe, nichts Besonderes). Aber andererseits (etwas Komisches, ich, spürte).

3. Es (viel Kostbares, gab, in seinem Zimmer).

4. Ich (zum Geburtstag, wünsche, alles Gute, dir).

5. Heute (in, Zeitung, nichts, steht, der) Interessantes.

4. 国名・言語名など

＊国名はほとんどが中性名詞で通常無冠詞。
＊「〜人」を意味する名詞の作り方は二種類。
＊言語を表す名詞は中性で形容詞変化（形容詞の名詞化）。用法によっては無語尾。
＊男性名詞、女性名詞の国名には定冠詞をつける。
　例：der Irak, die Schweiz, die Türkei

国名	Japan	Österreich	Italien	England	Korea
言語	Japanisch	Deutsch	Italienisch	Englisch	Koreanisch
男性国民	Japaner	Österreicher	Italiener	Engländer	Koreaner
女性国民	Japanerin	Österreicherin	Italienerin	Engländerin	Koreanerin

国名	Frankreich	China
言語	Französisch	Chinesisch
男性国民	Franzose	Chinese
女性国民	Französin	Chinesin

die Schweiz	die Türkei
———	Türkisch
Schweizer	Türke
Schweizerin	Türkin

Übung 5 次の文章を和訳しよう。

> Die Touristen aus Deutschland kommen erst spät in der Nacht in Narita an. Ein japanisches Paar empfängt sie am Flughafen. Die Japaner führen die Deutschen zum Bus.

5. 過去分詞・現在分詞・未来分詞

> Der Rauch steigt aus dem brennenden Haus.
>
> Ich erinnere mich an die schöne, vergangene Zeit.
>
> Die Liste zeigt zu empfehlende Bücher.

■ 分詞表現

* 分詞とは動詞が形容詞や副詞として使えるようになった形である。
* 現在分詞は不定形の語尾に d を添えるだけ。例：brennen ⇒ brennennd
* sein と tun は例外：sein ⇒ seiend, tun ⇒ tuend
* 現在分詞は進行中の動作を表す（「〜している（〜）」）。過去分詞は完了と受動の意。
* 名詞につく場合は形容詞の格語尾が必要。
* 未来分詞： (冠詞) + zu + 現在分詞 + 名詞 「〜されうる（〜）」。他動詞のみ可能な表現。

Übung 6 カッコ内の動詞を現在分詞あるいは過去分詞に直し、和訳しよう。

1. Sie winkte mir (lächeln) und ich antwortete auch (winken).

2. In der (zerstören) Stadt fotografierte er viele schreckliche Szenen.

3. Die Polizei konnte die (stehlen) Goldbarren nicht finden.

4. Wie kann man ein UFO noch auf Deutsch nennen? Eine (fliegen) Untertasse.

5. Unter dem Baum liegt (bluten) ein (anschießen) Bär.

6. Die (schmuggeln) Waffen und Drogen bringen der Mafia enormen Gewinn hervor.

7. Der Kellner führte uns zum (reservieren) Tisch auf der Terrasse.

8. Die alte Dame nahm mit der (zittern) Hand das Weinglas und trank einen Schluck.

Lektion 10
再帰・zu 不定詞・非人称

1. 再帰代名詞 sich

> Katja kaufte sich einen schönen Regenschirm.
>
> Mit der Seife wusch ich mir die Hände.
>
> Beim Spiel hat sich Herbert das Knie verletzt.
>
> Sehen wir uns vor der Mensa!

■ 再帰代名詞 sich について

＊ひとつの文のなかで、主語と同じものが、3 格または 4 格で再び現れる ⇒ 再帰代名詞

＊主語が三人称 (er/sie/es, sie/Sie) ⇒ 3 格でも 4 格でも sich

＊主語が一人称・二人称 ⇒ 普通の人称代名詞の 3 格・4 格をそのまま使う。

ich	mir / mich	du	dir / dich
wir	uns / uns	ihr	euch / euch

Übung 1 空欄を適切な再帰代名詞で補い、和訳しよう。

1. An jedem Mittwoch treffen sie (　　　) am Stammtisch und trinken Bier.

2. Beim Duschen wasche ich (　　　) zuerst die Haare. Und dann den Körper.

3. Meine Schuhe sind total ausgetreten. Jetzt muss ich (　　　) endlich die Neuen kaufen.

4. Sorgen macht (　　　) Angela erneut um die fremdenfeindliche Stimmung.

5. Man kann ihr leider nicht sagen, mach (　　　) darum keine Sorgen.

2. 再帰動詞

＊動詞と再帰代名詞 sich とをセットで使う表現を再帰動詞と言う。
＊和訳する際、再帰代名詞 sich 本来の「自分」という意味が現れない！
＊辞書で動詞を引くと、再帰、あるいは sich という項目に整理されている。

🎧 Partnerübung　対話練習
54

1. A: Wie war das Fußballspiel?
   B: Ganz schlimm. Es hat doch heftig geregnet. Wir waren ganz nass und haben gefroren.
   A: Das kann ich mir gut vorstellen.
   B: Ich habe mich leicht erkältet.
   A: Du Armer! Gute Besserung!

2. A: Und wo treffen wir uns?
   B: Erinnerst du dich an das Café neben der Post?
   A: Ja. Meinst du das mit der grünen Tür?
   B: Genau.
   A: Gut. Dann gegen 5 im Café.

Übung 2　カッコ内の単語を正しく並べ替え、和訳しよう。

1. Im Urlaub habe ich (in den Bergen, erholt, mich, gut).

2. Du (dich, beeilen, jetzt, musst), sonst verpasst du den letzten Bus.

3. Mein Sohn (selten, sich, erkältet). Aber gestern hatte er Fieber und lag im Bett.

4. Meine Freundin ist in Frankreich. Zur Zeit (sie, beschäftigt, mit, sich) einem internationalen Projekt.

5. Ich (an, mich, erinnere, den frechen Jungen). Ist er wirklich dein Bruder?

6. Das ist nicht dein Fehler, sondern meiner. (ich, mich, entschuldige).

7. Ich (mich, sehr, freue, die Sommerferien, auf). Wir fahren an die See und machen da Urlaub.

8. Jetzt bin ich auf dich stolz. Meine Eltern (über, freuen, deinen Erfolg, auch, sich).

9. Bitte, (Sie, sich, bedienen) und machen Sie es sich bequem!

3. zu 不定詞 / zu 不定詞句

Wir empfahlen meinem Vater, ins Altersheim einzuziehen.

Leider hatte ich da keine Zeit, mit den Kollegen darüber zu sprechen.

Es ist mir wichtig, manchmal in der Natur in Ruhe etwas Zeit zu verbringen.

■ zu 不定詞 / zu 不定詞句について
＊英語の to 不定詞（句）に相当する。
＊英語とは異なり、zu 不定詞は zu 不定詞句の最後に置かれる。
＊分離動詞の zu 不定詞の場合、zu が分離前綴りと動詞本体の間にはさまる。

🎧 Partnerübung　対話練習
56

1. A: Kennst du die neue Bar an der Ecke?
   B: Ja, letzte Woche war ich schon da.
   A: Und? Wie war's?
   B: Nicht schlecht. Man kann gut Italienisch essen und es gibt natürlich Wein aus Italien. Hast du Lust, da mal mit mir zu essen?
   A: Na klar!

2. A: Hast du schon das Referat geschrieben?
   B: Welches?
   A: Das fürs Seminar am Freitag.
   B: Ach, das habe ich völlig vergessen. Und du hast das schon fertig gemacht?
   A: Nee. Leider nicht. In diesen Tagen hatte ich echt viel zu tun.

Übung 3　カッコ内の単語を正しく並べ替え、和訳しよう。

1. Ich (zu, versuchte, lesen), aber dabei störte mich das Geräusch aus dem Zimmer nebenan. So war es mir dort fast unmöglich, (zu, mich, konzentrieren, auf die Arbeit).

2. Nach der einfachen Einleitung des Klaviers (singen, begann, leise, sie, zu). Stille herrschte im Saal. Das war ein zauberhafter Moment.

3. Ich bin noch nicht daran gewöhnt, (zu, der überfüllten Bahn, mit, fahren). Am sehr frühen Morgen sind zwar weniger Leute unterwegs. Aber ich möchte ja möglichst lange schlafen.

4. Man sagt, zu weinen ist ebenso gesund wie zu lachen. Allgemein gesagt, (es, scheint, gesund, nicht, sein, zu), Gefühle zu verdrängen. Davon entsteht Stress.

5. Man (ins Büro, braucht, zu, nicht, gehen). Man kann sich auch per Mail anmelden.

Übung 4 形容詞と zu 不定詞句を組み合わせて文を作ってみよう。

Es ist	gut	schnell zu laufen
	schlimm	das Auto langsam zu fahren
	leicht	viel Geld zu sparen
	schwer	fremde Sprachen zu lernen
	gesund	fleißig zu arbeiten
	nicht gesund	spät in der Nacht fettig zu essen
	gefährlich	gegenüber allen offen zu sein
	wichtig	in heißem Wasser zu baden
	lächerlich	Energie zu verschwenden

■ zu 不定詞を使った重要な表現

＊um＋zu 不定詞句:「～するために」（目的・結果）

＊ohne＋zu 不定詞句:「～せずに」

＊statt / anstatt＋zu 不定詞句:「～するかわりに」

＊sein 動詞＋zu 不定詞:「～されうる／～されるべきだ」

🎧 Partnerübung　対話練習
57

1. A: Wofür lernt Karl so fleißig?
   B: Natürlich für die Prüfung.
   A: Hat er die noch nicht bestanden?
   B: Nee. Jetzt tut er alles, um nun endlich die Prüfung zu bestehen.

2. A: Jetzt habe ich Hunger und Durst.
   B: Natürlich. Du plauderst und lachst, ohne zu essen und zu trinken.
   A: Ja, genau! Gehen wir und holen uns etwas zu essen und zu trinken.

Übung 5　カッコ内の単語を正しく並べ替え、和訳しよう。

1. Heute ist das Wetter sehr schön. Ich gehe in den Wald spazieren, (statt, lesen, zu, in der Bibliothek, den ganzen Tag). Arbeiten kann ich auch morgen.

2. Bitte, machen Sie sich keine Sorgen! Das Problem wirkt zwar ein wenig kompliziert, (zu, sicherlich, ist, aber, lösen). Das können wir schaffen. Ich habe eine Idee.

4. 非人称表現

58

Es gibt viele Bauern und Viehzüchter in dieser Gegend.

Es geht nicht um den persönlichen Charakter des Kanzlers.

Es regnet heute. Morgen wird es noch kälter und es soll schneien.

■非人称表現について
＊特定の内容を指示しない es を使った表現を非人称表現という。
＊天候や体調の表現や、特定の熟語で、es は形式的な主語となる。
＊一部の熟語では、es は形式的な目的語になる。
　例：Ich habe es eilig. / Macht's gut!

Partnerübung　対話練習

1. A: Gibt es hier in der Nähe einen Geldautomaten?
   B: Moment. Ich kenne zwei Automaten. Welcher ist näher von hier…. Hm, zuerst in diese Richtung und dann links. Neben der Bäckerei.
   A: Danke sehr.
   B: Gern geschehen.

2. A: Leni und Margit streiten sich. Worum geht es denn?
   B: Ich weiß nicht genau. Heute habe ich schon mit Leni gesprochen, aber sie sagte nichts davon.
   A: Kam Margit schon wieder zu spät? Sie ist immer unpünktlich.
   B: Kann sein.

Lektion 11
指示代名詞・不定代名詞・受動・序数

1. 指示代名詞 der・不定代名詞 einer

> Diese blaue Bluse gefällt mir. Die nehme ich.
>
> Der Anzug ist schick. Aber zu teuer. Den kann ich nicht kaufen.
>
> Er ist einer der bekanntesten Schauspieler in diesem Land.

＊一般に冠詞／冠詞類は代名詞としても使う。（冠詞／冠詞類とほぼ同形の代名詞がある。）

指示代名詞 der				
	m.	n.	f.	pl.
1格	der	das	die	die
2格	dessen	dessen	deren	deren
3格	dem	dem	der	denen
4格	den	das	die	die

定冠詞の形を代名詞として使う。
ただし、2格にはすべて語尾がつく。
複数は2格と3格に語尾がつく。

不定代名詞 einer			
	m.	n.	f.
1格	einer	eines	eine
2格	eines	eines	einer
3格	einem	einem	einer
4格	einen	eines	eine

不定冠詞の形を代名詞として使う。
ただし、不定冠詞と異なり、不定代名詞 einer には必ず語尾がつく。
（＊英語の one）

🎧 Partnerübung 対話練習

1. A: Kennst du den Typ da am Fenster?
   B: Welchen meinst du?
   A: Den großen mit der Mütze.
   B: Nee, kenne ich nicht. Wer ist das?
   A: Der ist der neue Freund von Beate!
   B: Echt? Unmöglich!

2. A: Heute wird es heiß. So sagt es der Wetterbericht.
   B: Gehen wir schwimmen?
   A: Aber wo?
   B: Du kennst doch den See da hinten. In dem kann man gut schwimmen.

Übung 1 カッコ内の単語を正しく並べ替え、和訳しよう。

1. Gestern (ich, mit, habe, geplaudert, den Studentinnen). Eine davon hat mir ein merkwürdiges Ereignis von der Uni erzählt.

2. Der GAU in Fukushima (der schrecklichsten Unfälle, einer, von, ist, atomaren Einrichtungen).

3. Kennst du diese Leute? / Ja, aber mit denen (ich, will, haben, nichts, zu tun).

2. 所有代名詞 / 指示代名詞 dieser など

Welcher Regenschirm gefällt Ihnen? Dieser hier gefällt mir gut.

Ist das deine Tasche? Nee, meine liegt da auf dem Sofa.

Konrad und Michael passen nicht zueinander. Jeder weiß das.

＊定冠詞類 (all, dieser, jeder, jener, manch, solch, welcher) も代名詞として使う。
＊この場合、冠詞として使うときも代名詞として使うときも全く同じ形。
＊mein, dein など所有冠詞や否定冠詞 kein の代名詞としての格変化は einer の場合と同様。

Partnerübung　対話練習

| 1. A: Jemand hat sein Smartphone vergessen. Ist das nicht deins?
　 B: Doch, das ist meins. Danke. | 2. A: Ein Kilo Kartoffeln bitte.
　 B: Sonst noch was?
　 A: Das ist alles. |

Übung 2　次の文章を和訳しよう。

1. Jürgen redete sehr lustig und witzig. Alle haben gelacht. Manche haben Tränen gelacht. Ich auch. Ich habe mich totgelacht.

2. Es gibt natürlich verschiedene Schüler. Manche lernen sehr fleißig, aber andere nicht.

3. Glücklicherweise läuft mein Geschäft nicht schlecht. Kein Problem. Alles in Ordnung.

3. 受動

> Der Pazifist wurde von einem Nationalisten ermordet.
>
> Der Laden wird um 9 Uhr geöffnet.
>
> Die Tür ist jetzt geschlossen.

■ 受動について

* werden / sein と過去分詞で作る助動詞構文。（*du wirst, er/sie/es wird）
* 語順：助動詞が（定動詞なので）二番目、過去分詞が文末。（Lektion 6 参照）
* 動作受動：状態の変化を表す助動詞 werden を使う。
* 状態受動：状態の持続を表す助動詞 sein を使う。
* 事実上の動作主体は、von あるいは durch で導く。（英語の by）
　※von と durch は使い分けが必要。辞書を引いてみよう。

＊受動文を作るのは通常他動詞だが、自動詞で作る場合もある。（仮主語の es は文頭以外では省略）
例：Es wird dir von ihr geholfen. (Dir wird von ihr geholfen.)
Auf ihnen wird nicht gewartet. (Man wartet…) / Morgen wird getanzt. (Man tanzt…)

Partnerübung　対話練習

1. A: Sieh mal! Der Dom ist großartig.
   B: Ja. Sehr schön, gell? Der wurde erst vor kurzem restauriert.

2. A: Wann wurde dieses Atomkraftwerk gebaut?
   B: Im Jahr 1971. Es ist eines der ältesten in Japan.

3. A: Sehen Sie! Da stehen die Windräder.
   B: Ja. In Deutschland wird heutzutage mit Windrädern viel Strom erzeugt.

4. A: Wohin gehst du denn?
   B: Zur Bibliothek.
   A: Die ist heute geschlossen.
   B: Geschlossen? Warum?

■ さらに他の助動詞を伴う場合

＊受動の助動詞 werden に加えて、完了の助動詞 sein や話法の助動詞を伴う受動表現では、助動詞が同時にふたつ使われる。この場合、受動の助動詞 werden は文末に移動する。
・受動の現在： Mein Sohn wird oft von dem Lehrer gelobt.
・受動の完了： Mein Sohn ist gestern von dem Lehrer gelobt worden.
※完了の助動詞が定動詞。助動詞としての werden の過去分詞は worden.
・話法の助動詞なし：Meine Großmutter wurde vorgestern zum Arzt gebracht.
・話法の助動詞あり：Meine Großmutter musste vorgestern zum Arzt gebracht werden.

Übung 3 カッコ内の単語を正しく並べ替え、和訳しよう。

1. Nach dem Krieg (gelernt, Frieden, musste, werden). Unsere pazifistische Verfassung gilt als eine große Errungenschaft der Nachkriegszeit. Aber eine Verfassung ist nur eine Basis der Demokratie. Es ist heute dringend notwendig, (einen, realisieren, demokratischen, zu, Rechtsstaat).

2. Ein viel zu einfaches Bild der Realität (durch, erzeugt, wird, Massenmedien). Hass und Intoleranz nehmen zu. Durch Terroranschläge (schockiert, die, werden, Leute). Aber mit militärischen Mitteln (Problem, wird, gelöst, kein).

3. Die Deckel der Mülltonnen wurden (gestapelten Flaschen und Kartons, gehalten, hoch, von). Eine Krähe pickte auf der Straße an der Leiche irgendeines kleinen Tiers. Ich ging zu der anderen Seite der Straße und zündete mir eine Zigarette an.

4. Über 6 Milliarden Menschen leben ohne sauberes Wasser. Die Bedeutung des Süßwassers für eine nachhaltige Entwicklung (werden, muss, anerkannt, jetzt). Der Zugang zu Wasser sollte* als ein Grundrecht (der, werden, festgelegt, Menschheit).

＊sollen の接続法二式 (Lektion 14)

4. 序数

> Sein Geburtstag ist der 17. Oktober.
>
> Morgen hat er seinen 22. Geburtstag.
>
> Am 11. März 2011 hat sich das Erdbeben ereignet.

■ 序数の用法
* 表記：基数の後ろに Punkt を打つ。
* 形態：基数の綴りに語尾を添え（〜19: -t, 20〜: -st)、
  さらに形容詞の格語尾を付け足す。
* 文法的特徴：形容詞の付加語的用法に準ずる。（Lektion 7 参照）

1. erst-	6. sechst-	11. elft-	16. sechzehnt-
2. zweit-	7. siebt-	12. zwölft-	17. siebzehnt-
3. dritt-	8. acht-	13. dreizehnt-	18. achtzehnt-
4. viert-	9. neunt-	14. vierzehnt-	19. neunzehnt-
5. fünft-	10. zehnt-	15. fünfzehnt-	

20. zwanzigst-	30. dreißigst-
21. einundzwanzigst-	40. vierzigst-
22. zweiundzwanzigst-	50. fünfzigst-
23. dreiundzwanzigst-	100. hundertst-
24. vierundzwanzigst-	1000. tausendst-

■ 日付

* 日付は暦の上で何番目の日であるかを示す。たとえば「三日」であれば「三番目の日」であるから、直訳すれば der dritte Tag となる。通常この Tag を省略するので、たとえば「五月三日」であれば、der 3. Mai となる。（3. は dritte と読む。格語尾が付いていることに注意）
* 手紙や書類の日付は 4 格で書く。すなわち男性 4 格の定冠詞 den が付く。
  例： Berlin, den 3. Mai 2018（3. は dritten と読む）
* 「〜日に」の場合、am (an+dem) を添える。例： Am 3. Mai（3. は dritten と読む）

Partnerübung　対話練習

1. A: Nächste Woche habe ich Geburtstag.
   B: Echt? Ich auch! An welchem Tag?
   A: Am 7.
   B: Mein Geburtstag ist der 8.! Ich bin genau einen Tag jünger als du.
   A: Wirklich? Das habe ich nicht gewusst.
   B: Feiern wir doch zusammen!

2. A: Wann war die Wiedervereinigung Deutschlands?
   B: Am 3. Oktober 1990. Das bedeutete auch das Ende der Deutschen Demokratischen Republik.
   A: Ja. Und fünf neue Bundesländer kamen zur Bundesrepublik hinzu.

3. A: Wann hast du Geburtstag?
   B: Ich habe am 5. Mai Geburtstag.

■ 暦の月

Januar	Februar	März	April
Mai	Juni	Juli	August
September	Oktober	November	Dezember

ドイツ語のルール (4)

主文と副文

1. 文には主文と副文がある。
2. 主文とは自立した文である。
3. 副文とは主文に添えられた文である。
4. 主文は定動詞が二番目。
5. 副文は定動詞が文末。
6. 副文の先頭には接続詞か関係詞がある。

主文: ● 定動詞 ● ● ● … ●

副文: 接続詞／関係詞 ● ● ● … 定動詞

Lektion 12
接続詞

1. 並列接続詞

Sie bat ihn um Auskunft. Aber er sagte nichts.

Ich spiele Geige und meine Freundin spielt Klavier.

Er ist schlechter Laune, denn seine Mannschaft hat verloren.

■ 並列接続詞について
* 並列接続詞は主文と主文を結ぶ。
* 並列接続詞の後に来る文も主文なので、定動詞が二番目。（普通の語順）
* 並列接続詞は文頭に来ても語順に影響を与えない。
* 並列接続詞は四つだけ：aber, denn, oder, und.

2. 従属接続詞

Die Vorlesung fällt heute aus, weil der Professor krank ist.

Als er zurück kam, war sie schon weg.

Morgen gehe ich wandern, wenn es nicht regnet.

■ 従属接続詞について
* 従属接続詞は副文を導く。副文の定動詞は最後に置かれる。
* 主文と副文の間には必ずコンマを打つ。
* 副文が先行する場合もある。この場合、副文のあとに主文の定動詞が来る。

（主文と副文を合わせた全体で見ると、副文全体がひとつめの文要素だから、その次が「二番目」、すなわち主文の定動詞の「指定席」ということになる）

＊分離動詞が後置されると、前つづりと動詞本体がつながる。

例：Ich kam in Münster an. ⇒ Als ich in Münster ankam.

 Partnerübung　対話練習

1. A: Herr Braun ist noch nicht da. Das ist komisch. Er ist immer pünktlich.
   B: Er kommt nicht, weil er seit gestern krank ist. Er hat mich angerufen.
   A: Ach, deshalb.

2. A: Hallo, Peter! Lange nicht gesehen!
   B: Hallo, Monika! Wann haben wir uns letztes Mal getroffen?
   A: Ich glaube, als wir die ganze Nacht bei Alex gefeiert haben.

Übung 1　カッコ内の単語を正しく並べ替え、和訳しよう。

1. Gisela weiß nicht, (Maria und Fritz, dass, sind, Zwillinge).

2. Michael kommt nicht, (ist, weil, er, erkältet).

3. Als (Zug, der, ist, abgefahren), (ich, noch, war, nicht) auf dem Bahnsteig.

4. Jeden Morgen geht sie mit dem Hund spazieren, (wenn, ist, nicht, das, schlecht, Wetter).

5. Ich konnte die Einladung nicht annehmen, (hatte, ich, schon, denn, Verabredung, eine).

Übung 2　リストから適当な接続詞を選んで空欄を埋め、和訳しよう。

bevor, bis, da, damit, dass, nachdem, ob, obwohl, seitdem, während

1. (　　　) ich in Münster ankam, wurde es schon dunkel.

2. Ich habe noch nicht entschieden, (　　　) ich an der Versammlung teilnehme oder nicht.

3. (　　　) ich Abendessen kochte, machte meine Tochter die Hausaufgaben.

4. (　　　) Martin auf das Unrecht hingewiesen hatte, war es niemandem bewusst.

5. Um diese Zeit bleibe ich noch im Büro, (　　　) ich heute viel zu tun habe.

6. Bis in die späte Nacht habe ich mit Inge geplaudert, (　　　) ich um 5 Uhr aufstehen muss.

7. Die Bürgerinitiative plant Protestaktionen, (　　　) die Intrige der Regierung an die Öffentlichkeit dringt.

8. Damals war ich so erschöpft, (　　　) ich nicht mehr richtig arbeiten konnte.

9. (　　　) wir das Rathaus besichtigt hatten, aßen wir im Restaurant am Weingut.

10. (　　　) wir uns letzten Monat heftig gestritten haben, haben wir uns nicht gesehen.

■ 主な従属接続詞の用法

* als: 過去一度限りの出来事に使う。「〜が〜したとき」
* wenn:「条件」の接続詞
* da: 軽い調子の「理由・原因」
* als, da, damit, などは従属接続詞以外の用法があるので注意。
　☆辞書で調べてみよう！

3. 疑問詞で作る副文

Sie wird mich fragen, warum ich heute spät nach Hause komme.

Ich weiß nicht, was ihr Mann von Beruf ist.

Sag mir mal, wozu du Geld sparst!

Partnerübung　対話練習

1. A: Weißt du, woher Clemens kommt?
   B: Nicht aus Deutschland? Dann aus Österreich oder aus der Schweiz.
   A: Nee. Weder aus Österreich noch aus der Schweiz.
   B: Aha, dann aus Liechtenstein.

2. A: Weißt du, wie viele Länder an Deutschland grenzen?
   B: Hm…. Polen, Tschechien, Dänemark, die Niederlande, Frankreich, Belgien, die Schweiz und Österreich. Acht.
   A: Nee. Neun. Du hast Luxemburg vergessen.

Übung 3 カッコ内の単語を正しく並べ替え、和訳しよう。

1. Ich weiß schon, (was, meine, denken, Eltern).

2. Der Koch hat den Gästen erklärt, (man, wie, kocht, sonderbare, Gericht, das).

3. Hier schreibe ich auf, (du, sollst, was, machen, diese Woche).

4. Willy hat mir erzählt, (er, hatte, erlebt, was, der, in, Nacht, schrecklichen).

5. Zur Zeit analysieren wir, (die, hat, Umfrage, ergeben, was).

4. 副詞的接続詞など

> Herr Kohl ist krank, deshalb kommt er heute nicht.
>
> Erich ist im Examen durchgefallen, darum ist er jetzt entmutigt.
>
> Meine Schwester ist zwar klug, aber leichtsinnig.
>
> Zur Uni fährt Anke nicht mit dem Bus, sondern mit dem Fahrrad.

＊deshalb, darum は副詞的接続詞。次が二番目なので定動詞が来る。
＊zwar/aber, nicht/sondern は呼応し、セットで使われる。

Partnerübung　対話練習

1. A: Hast du den Vortrag von Professor Schöne gehört?
   B: Ja, der war einfach großartig.
   A: Du hast recht. Seine Rede war nicht nur interessant, sondern auch bewegend.
   B: Genau. Aber er ist schon über 90 Jahre alt. Er wird nicht mehr so oft vor die Öffentlichkeit treten. Wir haben Glück gehabt.

2. A: Hast du ein neues Auto gekauft?
   B: Ja. Das alte ist kaputt und es kostet zu viel, es zu reparieren.
   A: Aha, deshalb. Aber es ist erfrischend, ein neues Auto zu fahren, nicht?
   B: Ja, das stimmt. Und es verbraucht viel weniger Benzin als das alte. Darüber freue ich mich sehr.

Übung 4　リスト内の接続詞を使ってふたつの文を結びつけよう。接続詞の種類に注意。
（どの接続詞を使っても、ほぼ同じ内容を表現できる）

denn, da, weil, deshalb, darum

1. Ich habe morgen eine Prüfung. Ich muss heute arbeiten.

2. Du bist erschöpft. Du sollst ruhen.

3. Er ist aufgeregt. Wir müssen ihn beruhigen.

Übung 5　どちらか適当な表現を選んで空欄を埋め、和訳しよう。

nicht nur … sondern auch, zwar … aber

1. Hast du mit Michaels Freundin gesprochen?

　　　　a. Ja. Sie ist (　　　　) hübsch (　　　　) lustig.

　　　　b. Ja. Sie ist (　　　　) hübsch (　　　　) langweilig.

2. Gestern habe ich Beates Freund kennengelernt.

　　　　a. Er spricht (　　　　) Japanisch, (　　　　) Chinesisch.

　　　　b. Er ist (　　　　) lustig (　　　　) ein bisschen gemein.

Lektion 13
関係代名詞・関係副詞

1. 定関係代名詞

Das ist der Film, den mein Kollege mir einmal empfohlen hat.

Der Politiker, dem diese Villa gehört, ist aus einer reichen Familie.

Der Maler, dessen Gemälde da hängt, ist mein alter Freund.

■ 定関係代名詞について
＊先行する名詞（直前の名詞）を説明する副文を導く。（副文は定動詞後置！）
＊指示代名詞（Lektion 11）と同形。（下表のとおり）
＊性と数は先行する名詞に一致し、格は副文の中での役割に応じて決まる。
＊主文と関係文（副文）はコンマで区切る。

	m.	n.	f.	pl.
1格	der	das	die	die
2格	dessen	dessen	deren	deren
3格	dem	dem	der	denen
4格	den	das	die	die

🎧 Partnerübung　対話練習
77

1. A: Was ist los? Geht es dir nicht gut?
   B: Mein Fahrrad wurde gestohlen.
   A: So ein Pech! Das schöne, grüne Fahrrad, das du immer fährst?
   B: Ja. Das war mein lieber Partner seit drei Jahren.
   A: Hast du das schon bei der Polizei gemeldet?
   B: Das mache ich jetzt.

2. A: Früher war ich für Atomkraft. Aber jetzt nicht mehr.
   B: Der Unfall in Fukushima hat mich auch völlig überzeugt.
   A: Damals war ich ziemlich schockiert. Einige Freunde waren in Japan.
   B: Nicht nur die Gefahr des Unfalls. Die radioaktiven Abfälle, die Tag und Nacht in den Kernkraftwerken entstehen und ständig zunehmen, bleiben fast ewig schädlich.

Übung 1　カッコ内の単語を正しく並べ替え、和訳しよう。

1. Das Argument, das (der, angeführt, Kanzler, hatte), hat sich als falsch erwiesen.

2. Die alte Frau, die (sitzt, da, Reihe, in, ersten, der), ist eine weltbekannte Violinistin.

3. Die Pianistin, deren (mein, ist, Sohn, Nachbar), schenkt mir eine Karte ihres Konzerts.

4. Ich stimme für die Partei, die (Verfassung, unserer, ist, demokratischen, treu).

5. Sein Motorrad, (er, hat, lange, gefahren, das), ist schließlich kaputt gegangen.

6. Das Buch, (habe, das, von, ich, David, geliehen), habe ich noch nicht zum Schluss gelesen.

7. Nur wenige Menschen führen das Leben, (das, möchten, sie, führen).

8. Briefe sind wichtige Denkmäler, (der, die, kann, hinterlassen, Mensch).

2. 前置詞付きの定関係代名詞

Das ist das Café, in dem ich früher oft gesessen habe.

Den Füller, mit dem ich immer schreibe, kaufte ich in Hamburg.

Der Tisch, auf dem die Schreibmaschine steht, ist sehr alt.

 Partnerübung 対話練習

1. A: Siehst du die schöne Frau, mit der Max da spricht? Wer ist sie?
   B: Kennst du die nicht? Sie ist seine Schwester Grete.
   A: Ehrlich? Sie ähneln sich überhaupt nicht.

2. A: Hast du vom Erdbeben gehört? Wohnt Karsten nicht dort in der Nähe?
   B: Ja. Aber er ist gesund. Nur das Gebäude, in dem sein Büro ist, wurde teilweise zerstört.

Übung 2 カッコ内の単語を正しく並べ替え、和訳しよう。

1. Das ist mein Lieblingsrestaurant, in dem (esse, ich, mit, manchmal, der, Familie).

2. Den Koffer, (dem, mit, ich, reise, immer), hat mir meine Frau geschenkt.

3. Das moderne Gebäude, (der Springbrunnen, liegt, dem, vor), wurde neu gebaut.

4. Die Kollegin, (in unserer Abteilung, seit zwei Wochen, die, arbeitet), hat vier Kinder.

5. Das Flugzeug, (flogen, wir, dem, mit), ist pünktlich am Flughafen Frankfurt gelandet.

6. Das junge Ehepaar, (das, ist, neben uns, gezogen, letzten Monat), hat uns eingeladen.

3. 不定関係代名詞

Was du gesagt hast, vergesse ich nicht.

Wer langsam geht, kommt auch zum Ziel.

Alles, was der Kritiker hier behauptet, finde ich richtig.

■ 不定関係代名詞について

＊特定の先行詞を受けず、不特定のものを規定する副文を導く。

＊想定されるのが人間であれば wer/wessen/wem/wen を使う。

＊想定されるのが事物であれば was を使う。

＊和訳は「～する人」「～するもの」などとなる。

＊不定関係代名詞の副文を、主文は指示代名詞（der/dessen/dem/den, das）で受ける。

　例：Wem nicht zu raten ist, dem ist auch nicht zu helfen.

＊ただし、wer/der, wen/den の組み合わせのときは、指示代名詞（der, den）を省略できる。

＊主文と関係文（副文）はコンマで区切る。

＊不定関係代名詞は、不定代名詞（alles, das, etwas, nichts, vieles, manches usw.）や名詞化した形容詞最上級を受けることができる。

 Partnerübung　対話練習

1. A: Gestern hat der Professor etwas Wichtiges gesagt. Du warst ja nicht da.
   B: Und?
   A: Ich muss dir das mitteilen. Aber…
   B: Aber du hast vergessen, was er gesagt hat.
   A: Genau. Das frage ich noch mal nach.

2. A: Kommst du heute Abend mit?
   B: Nee, ich nicht. Viel Spaß!
   A: Warum? Weil Leo kommt? Ich weiß, den hasst du.
   B: Na ja. Wen man nicht mag, meidet man lieber.
   A: Wie du willst. Aber schade.

Übung 3　カッコ内の単語を正しく並べ替え、和訳しよう。

1. Erledigen wir das doch schnell! (kommt, wer, zuerst), mahlt zuerst.

2. Wer (hat, einmal, mich, verraten), dem vertraue ich nie wieder.

3. Wessen (ich, Ehrlichkeit, kenne, gut), dem helfe ich in jedem Fall.

4. Du sollst nicht sagen, (nicht, was, weißt, du, genau). Sei doch vorsichtig!

5. Er hat mir immer wieder geholfen. Für ihn tue ich alles, (kann, was, ich).

6. Eigentlich wollte ich heute eine Jacke kaufen. Aber es gibt nichts, (was, gefällt, mir).

7. Ich konnte fast alles, (gestern, sagte, was, er), nicht verstehen.

4. 関係副詞

Das Haus, wo Lukas wohnt, war früher die Villa eines Barons.

Das Dorf, wohin ich morgen fahre, ist bekannt für guten Wein.

Jetzt, wo du die Qualifikation hast, findest du eine gute Stelle.

■ 関係副詞について

＊関係副詞は先行詞（名詞・副詞）を受けて副文を作る。

＊関係副詞には同じ形の疑問詞がある。

＊ wo(r)＋前置詞 の形をした関係副詞もある。（意味は was＋前置詞）

Partnerübung　対話練習

1. A: Erinnerst du dich an die Kneipe, wo wir oft Bier getrunken haben?
   B: Welche Kneipe meinst du? Die an der Ecke?
   A: Ja, die neben dem Kebabladen. Die ist ausgebrannt. Ein Feuer.
   B: Schade. Da war es so gemütlich.

2. A: Hast du dich schon ans Leben hier gewöhnt?

B: Noch nicht. Du weißt ja, ich bin auf dem Land aufgewachsen.

A: Leidest du an Heimweh?

B: Nee. Aber in der Gegend, woher* ich komme, war alles anders als hier.

＊aus der とも言う。

Übung 4 リストから適当な関係副詞を選んで空欄を埋め、和訳しよう。

warum, wie, wo, wohin

1. Sie erzählte von der Art und Weise, (　　　) die Vergangenheit in die Gegenwart hineinreicht.

2. Die Stadt, (　　　) unsere Universität liegt, ist schön und ruhig. Sie gefällt mir sehr.

3. Die Art, (　　　) er lächelt, ähnelt der seiner Mutter. Das erkannte ich sofort.

4. Sie redete mit mir kein Wort. Weißt du den Grund, (　　　) sie mir gegenüber gleichgültig ist?

5. Das Dorf, (　　　) meine Großeltern aufgewachsen sind, liegt in einer Schneeregion.

6. Das Viertel, (　　　) ich umziehe, ist sehr gemütlich. Es gibt auch schicke Geschäfte und Cafés.

ドイツ語のルール (5)

直説法と接続法

1. 文には直説法と接続法（と命令法）がある。
2. 「法」の違いは動詞の形に現れる。
   （違うのは動詞の形だけ）
3. これまで習ったドイツ語は直説法。
   （命令表現の一部を除く）
4. 直説法は事実・現実をそのまま述べる。
5. 接続法はそれ以外（非現実、引用等）。
6. 接続法には第一式と第二式がある。

Lektion 14
接続法

■ 接続法の基本
* 事実・現実をそのまま述べるのが直説法。
* 接続法は、非現実や引用などを述べる。
* 接続法には、一式と二式がある。（接続法二式は英語の仮定法に相当する）
* 直説法と接続法は、動詞の形で区別する。

1. 接続法一式

接続法一式の人称変化

不定形	lachen	haben	werden	fahren	sein	語尾
ich	lache	habe	werde	fahre	sei	-e
du	lachest	habest	werdest	fahrest	sei(e)st	-est
er/sie/es	lache	habe	werde	fahre	sei	-e
wir	lachen	haben	werden	fahren	seien	-en
ihr	lachet	habet	werdet	fahret	seiet	-et
sie / Sie	lachen	haben	werden	fahren	seien	-en

■ 接続法一式の形態上の特徴
* 語尾に必ず e がはさまる。（sein の単数 1・3 人称のみ例外）
* 直説法で不規則変化する動詞も、接続法一式では語幹は変化しない。
  （接続法一式の語幹に不規則変化はない）
* 語尾の変化パターンは、過去形や話法の助動詞と同じ。
* 主語が ich, wir, sie / Sie のとき（表の 1, 4, 6 段目）、直説法現在と同じ形になる。（sein は例外）

2. 接続法二式

接続法二式の人称変化

不定形	weinen	haben	werden	kommen	sein	語尾
過去基本形	weinte	hatte	wurde	kam	war	
ich	weinte	hätte	würde	käme	wäre	-(e)
du	weintest	hättest	würdest	kämest	wärest	-(e)st
er/sie/es	weinte	hätte	würde	käme	wäre	-(e)
wir	weinten	hätten	würden	kämen	wären	-(e)n
ihr	weintet	hättet	würdet	kämet	wäret	-(e)t
sie / Sie	weinten	hätten	würden	kämen	wären	-(e)n

■ 接続法二式の形態上の特徴

* 過去基本形をもとにして作る。
* 過去基本形の語尾に e がないときは足す。
* 三基本形が不規則変化する動詞の場合、変音できる母音 (a, o, u) があれば変音する。
  （ただし、wollen と sollen は変音しない）
* 三基本形が規則変化の動詞は変音しない。すなわち、直説法過去と全て同じ形になる。

3. 間接話法（接続法一式）

Benno sagte, er sei krank.

Frau Schmidt sagt, dass sie mit ihrem Mann zu uns komme.

Arno fragte mich, ob ich Hunger habe.

Der Chef teilte mir mit, ich solle sofort abreisen.

■ 間接話法（接続法一式）について

* 間接話法には接続法一式を使う。（口語では直説法や二式も使う）
* さらに従属接続詞 dass の副文とする場合もある。
* 一式が直説法と同形の場合、二式を使う。

＊決定疑問文の間接話法には従属接続詞 ob を使う。
＊疑問詞を使った疑問文は、疑問詞を使った副文になる。
＊命令には sollen, 依頼には mögen の接続法一式を使う。

Übung 1 次の文を間接話法に直そう。

1. Herr Böll sagte da leise zu mir: „Leider haben wir keine andere Wahl."

2. Frau Becher rief zornig: „So eine Beleidigung ist nicht zu verzeihen!"

3. Eva fragte mich misstrauisch: „Was willst du eigentlich machen?"

4. Ich habe Norbert gefragt: „Wann kommst du zu mir?"

5. Der Bankangestellte sagte höflich zu seinem Kunden: „Nehmen Sie bitte Platz."

6. Mein Vater rief meine Schwester an und sagte: „Komm sofort zurück nach Hause!"

7. Der Alte murmelte unmutig: „Das ist aber ein steiler Abhang."

4. 非現実話法（接続法二式）

Wenn ich Sie wäre, würde ich so etwas nicht machen.

Hätte ich keine dringende Arbeit, würde ich mit dir ausgehen.

Wenn ich Zeit hätte, würde ich sehr gern seine Ausstellung besuchen.

Könnten Sie mir das Salz geben?

■ 非現実話法（接続法二式）について

＊従属接続詞 wenn を使い、主文（結論）、副文（仮定）ともに定動詞を接続法二式にする。

＊その際 wenn は省略できる。このとき副文の先頭（もともと wenn のあった場所）に定動詞が来る。

＊werden の接続法二式（würde, würdest…）は「接続法二式の文を作る助動詞」として使える。この方法は一般に多用されるが、haben, sein, werden, 話法の助動詞などは、その動詞自体の接続法二式を使うことが多い。

＊意見表明、依頼等の際、接続法二式を使うと、相手に配慮した丁寧な表現になる。（話題を「非現実」扱いにすることで、遠回しな言い方・婉曲表現となる）

Partnerübung　対話練習

1. A: Ach, ich habe Fieber. Wenn es mir gut ginge, würde ich shoppen gehen.
   B: Shoppen können wir jederzeit. Du sollst heute im Bett bleiben.
   A: Na ja. Das mache ich.

2. A: Sie wünschen?
   B: Ich hätte gerne eine Tasse Kaffee und ein Stück Sachertorte.
   A: Jawohl. Kommt sofort.

Übung 2　カッコ内の動詞・助動詞を接続法二式に直し、和訳しよう。

1. Ich (mögen) ein Einzelzimmer reservieren.

2. (Können) Sie mir bitte sagen, bis wann ich den Bericht abgeben soll?

3. Wenn du nicht schwanger (sein), (können) wir zusammen den kostbaren Wein trinken.

4. Wenn er unsere Absicht (wissen), (werden) er sich ärgern.

5. (Werden) Sie bitte das Formular ausfüllen?

6. Ich (werden) sagen, es kommt auf den Verlauf der Verabhandlung an.

7. Es (sein) besser, dass Sie sich einmal direkt an ihn wenden.

8. Du (sollst) diesmal seine Warnung ernst nehmen.

5. 要求表現／認容表現（接続法一式）

> Gott sei Dank! / Gott helfe uns!
>
> Man nehme vor der Mahlzeit zwei Tabletten.
>
> Er mache, was er wolle, es ist mir egal.
>
> Was auch geschehe, sie werden ihren Plan nicht ändern.

■ 要求表現／容認表現について
* 要求（願望・祈願）表現は三人称を主語にして「何をして欲しいか」を述べる。
* 願望・祈願は mögen の接続法一式を使った助動詞構文でも表現できる。
   例： Gott helfe uns! ⇒ Möge Gott uns helfen!
* 認容表現：「たとえ～が～しようとも」あるいは「～するならすればいい」の意。
* 認容文は、後続の文の語順に影響を与えない。
   認容文, 主語 定動詞 ….
* 認容は助動詞 mögen を使った直説法の助動詞構文でも表現できる。
   例： Er mache, was er wolle, ⇒ Er mag machen, was er will,
       Was auch geschehe, ⇒ Was auch geschehen mag,

■ 熟語 es sei denn
* 接続法一式による認容表現を用いた熟語 es sei denn は、直説法の文に挿入され、後続の文の内容を受け「～が～しない限り」「～が～すれば別だが」の意となる。
   例： Stefan gewinnt ganz leicht das Spiel, es sei denn, dass er plötzlich krank wird.

Übung 3 カッコ内の動詞・助動詞を接続法一式に直し、和訳しよう。

1. Es (leben) die Freiheit!

2. Man (beginnen) nie Krieg!

3. Hoch (leben) das Geburtstagskind!

4. (Mögen) Ferdinand bald gesund werden!

5. (Sein) es wie es (wollen), ich bleibe bei meinem Entschluss.

6. Sie (sagen), was sie (wollen), es stört uns nicht.

7. Was er auch (behaupten), er überzeugt niemanden.

8. Kein Flugzeug wird heute fliegen, es (sein) denn, der Taifun ändert den Kurs.

Übung 4 カッコ内の単語を使ってドイツ語に訳そう。

1. もし暇だったら君と遊びに出かけるところなんだけど。(ausgehen)

2. その家がもっと安かったら買うのになあ。(billig)

3. お砂糖を取ってもらえますか？ (Zucker)

4. 私は彼女に喉が渇いていないか尋ねた。(Durst)

5. あたしがあんただったら彼とは結婚しない。(heiraten)

Lektion 15
接続法の時制・非現実表現

1. 接続法一式の時制（過去・未来）

Er behauptet, er habe damals noch nichts davon gewusst.

Ich fragte ihn, ob er an der Tagung teilgenommen habe.

Sie fragte uns, warum wir zu ihr gekommen seien.

Das Fernsehen sagt, es werde morgen regnen.

■ 接続法一式の時制（過去・未来）について
＊接続法では過去・現在完了・過去完了を区別せず、すべて過去として扱う。
＊過去は完了の助動詞構文で表現する。
＊その際、完了の助動詞 (haben/sein) を接続法にする。
＊未来は助動詞 werden を接続法にして表現する。

Partnerübung　対話練習

1. A: Der Direktor hat uns hintergangen.
   B: Genau. Bei der Verhandlung sagte er, die Direktion habe sich noch nicht entschieden.
   A: Trotzdem war der Plan schon davor gemacht. Das darf man nicht zulassen.

2. A: Fahren wir morgen ans Meer!
   B: Aber es regnet so heftig.
   A: Keine Sorge! Im Wetterbericht sagt man, morgen werde die Sonne scheinen.
   B: Echt? Das glaube ich nicht.

Übung 1 接続法一式の過去を使って間接話法に直そう。

1. Sie fragte mich: „Warum hast du an der Tagung nicht teilgenommen?"

2. Stella sagte zu Helga: „Ich war gestern den ganzen Tag zu Hause."

3. Der Polizist zeigte mir ein Foto und fragte mich: „Haben Sie diesen Mann gesehen?"

4. Der Alte klagte: „Wegen des atomaren Unfalls habe ich meine Heimat verloren."

5. Ich fragte mich: „Wie konnte er nur das Geheimnis erfahren?"

2. 接続法二式の時制（過去）

> Wenn ich da gewesen wäre, hätte ich ihn beruhigen können.
>
> Hätte ich dazu Lust gehabt, wäre ich mit ihnen ausgegangen.
>
> Ich hätte fast den Bus verpasst.

■ 接続法二式の時制（過去）について

＊ 接続法二式を使った非現実表現には現在と過去がある。
＊ 過去は完了の助動詞構文で表現する。
＊ その際、完了の助動詞 (haben/sein) を接続法二式にする。
＊ 非現実の過去に副詞 beinahe, fast 等を添えると「あやうく～するところだった」の意となる。
＊ 副詞 sonst を添えると「さもなければ～するところだった」の意となる。

🎧 Partnerübung 対話練習
91

1. A: Bruno war vor Wut außer sich. Ute ist schuld.
   B: Schade. Wenn ich da gewesen wäre, hätte ich sie sich nicht streiten lassen.
   A: Das glaube ich nicht. Niemand konnte sie daran hindern.

2. A: Heute hätte ich unterwegs um ein Haar ein Kind überfahren.
   B: Was? Wieso?
   A: Plötzlich hat ein Junge mit einem Fahrrad vor mir die Straße überquert.
   B: Wie schrecklich!

Übung 2 接続法二式の過去を使ってカッコ内を正しく書き換え、全文を和訳しよう。

1. Wenn ich da einfach Selbstvertrauen gehabt hätte, (ich änderte meine Meinung nicht).

2. Hätten seine Eltern ihr Vermögen nicht verloren, (Georg konnte ganz behaglich leben).

3. Wenn (ich kam an dem ersten Tag nicht ins falsche Zimmer), hätte ich Lola nicht kennengelernt.

4. Wenn (die Energiepolitik der Rgierung seit den 1960er Jahren war richtig), wäre der enorme Schaden des Unfalls nicht entstanden.

5. Als mein Bruder klein war, fiel er in den Fluss. (er ertrank.) ＊beinahe

6. Erst gestern habe ich von der Umstellung der Zeit gehört. (ich kam zu spät.)　＊sonst

　　

3. さまざまな非現実表現（接続法二式）

> Wenn ich doch reich wäre!
>
> Es kann sein. Dann wäre es gut.
>
> Die Ministerin benimmt sich so, als ob sie davon nichts wüsste.
>
> Der Lügner feixt, als hätte er mit dem Skandal nichts zu tun.
>
> Wenn das Auto auch noch teurer wäre, ich würde es kaufen.

■ さまざまな非現実表現について
＊仮定部を独立させた願望表現もある。「～なら／だったら（よかったのに）！」
＊仮定部に相当する内容が文脈や前置詞句等から読み取れる場合は結論部が独立する。
＊als ob「まるで～であるかのように」（英語の as if）の ob は省略できる。その場合、als の直後（本来 ob のあった位置）に副文の定動詞が来る。
＊auch wenn, wenn auch, und wenn, selbst wenn などの導く接続法二式の副文は、非現実の認容。「もし～が～だったとしても」の意となる。

Partnerübung　対話練習

1. A: Wer ist der Typ, mit dem du geplaudert hast?
   B: Das ist Arthur. Gerade eben haben wir uns kennengelernt.
   A: Mir scheint, als ob du schon lange mit ihm befreundet wärest.

2. A: Komisch! Diese Landschaft scheint mir irgendwie bekannt, als wäre ich schon einmal hier gewesen.
   B: Warst du wirklich niemals hier?
   A: Nein. Das ist eine Art Déjà-vu-Erlebnis, gell?

Übung 3　カッコ内の動詞・助動詞を接続法二式に直し、和訳しよう。

1. Wenn ich nur früher den Preis bekommen (haben)! Es ist für mich leider zu spät.

2. Der Vorsitzende wich der Frage aus, als ob er dafür nicht verantwortlich (sein).

3. Und wenn sie mich persönlich darum bitten (werden), ich (werden) nie mehr mit ihr arbeiten.

4. Ein anständiger Mensch (werden) solch eine gemeine Tat nicht begehen.

5. Ohne Ihre Hilfe (können) wir das Projekt nicht zu Ende führen.

6. Auch wenn er noch fleißiger gearbeitet (haben), er (haben) die Prüfung nicht bestanden.

Übung 4　次の文章をドイツ語に訳してみよう。

1. あやうく眼鏡を忘れるところだったよ。(Brille, vergessen)

2. 私たちに子どもがいたらなあ。

3. 天気さえよかったらなあ。(Wetter, schön)　＊現在

4. 彼が黙っていてさえくれたらなあ。(nur, schweigen)　＊過去

Lektion 16
冠飾句・心態詞

1. 冠飾句

Durch die sich rasch ausbreitenden Gerüchte brach Panik aus.

Nichts konnte ich für den vor Schmerz schreienden Jungen tun.

■ 冠飾句について
＊冠詞と名詞の間に多くの単語を挿入する表現。（文語的表現）
＊しばしば現在分詞や過去分詞を中心にした成分が挿入される。
＊その場合、分詞が最後（多くは名詞の直前）に来る。
＊訳すときは、挿入された部分をひとまとめにして名詞にかける。

 Übung 1　下線部分に注意して次の文章を和訳しよう。

1. Die abends auf der Straße bummelnden Leute sah er vom Fenster aus.

2. Wegen des drei Tage lang dauernden schweren Regenfalls trat der Fluss über die Ufer.

3. Auf dem durch chemische Stoffe verseuchten Grund wurde das Gebäude gebaut.

4. Das gestern in Kraft getretene Gesetz schränkt die Redefreiheit der Bürger stark ein.

5. Ein ungewöhnlich schnell und laut fahrendes Motorrad überraschte die Leute auf dem Gehsteig.

6. In einem Zimmer des heftig schwankenden Hochhauses hockte ich erschrocken unter dem Tisch.

2. 心態詞／hin と her

> Herr Kohl ist aber dick geworden. Er war doch schlank.

> Was machst du denn hier?
> Ich dachte, du bist schon abgereist.

> Beim Warten hatte ich nichts zu tun und ging im Zimmer hin und her.

■ 心態詞／hin と her について

＊心態詞は文内容や相手に対する話し手の態度・感情を表す。口語で多用される。
＊hin は「こちらからあちらへ」、her は「あちらからこちらへ」
＊疑問詞、副詞、分離動詞などの一部となっている場合も多い。
　例：wohin/woher, dahin/daher, hingehen/herkommen usw.

■ 心態詞表現の例

aber	「それにしても ／ 本当に」	Du bist aber groß geworden.
denn	「いったい」（疑問の強調）	Was ist denn los?
doch	「だって ／ なにしろ」 （相手が知らないか、忘れているであろうことに注意を促して）	Hans kommt nicht. Sein Vater ist doch schwer krank.
ja	「だって ／ なにしろ」 （相手が知っていることを前提にして）	Jedenfalls merkte er nichts mehr. Er war ja völlig betrunken.
schon (1)	「さあ／ほら／さっさと」 （命令の強調）	Mach schon! Zack, zack!
schon (2)	「きっと／確かに」	Es wird dir schon gelingen.
schon (3)	「なるほど（〜ではある）」 （一応の肯定）	Ich glaube dir das schon. Aber das ist dann wohl ein Ausnahmefall.

おもな不規則動詞の変化表

不定詞	直説法現在	直説法過去	接続法第2式	過去分詞
beginnen 始める, 始まる		**begann**	begänne (begönne)	**begonnen**
bieten 提供する		**bot**	böte	**geboten**
binden 結ぶ		**band**	bände	**gebunden**
bitten 頼む		**bat**	bäte	**gebeten**
bleiben とどまる		**blieb**	bliebe	**geblieben**
brechen 破る	*du* brichst *er* bricht	**brach**	bräche	**gebrochen**
bringen もたらす		**brachte**	brächte	**gebracht**
denken 考える		**dachte**	dächte	**gedacht**
dürfen 〜してもよい	*ich* darf *du* darfst *er* darf	**durfte**	dürfte	**gedurft** (dürfen)
essen 食べる	*du* isst *er* isst	**aß**	äße	**gegessen**
fahren (乗り物で)行く	*du* fährst *er* fährt	**fuhr**	führe	**gefahren**
fallen 落ちる	*du* fällst *er* fällt	**fiel**	fiele	**gefallen**
fangen 捕まえる	*du* fängst *er* fängt	**fing**	finge	**gefangen**
finden 見つける		**fand**	fände	**gefunden**
fliegen 飛ぶ		**flog**	flöge	**geflogen**
geben 与える	*du* gibst *er* gibt	**gab**	gäbe	**gegeben**
gehen 行く		**ging**	ginge	**gegangen**
gelingen うまくいく		**gelang**	gelänge	**gelungen**
genießen 楽しむ		**genoss**	genösse	**genossen**

不定詞	直説法現在	直説法過去	接続法第2式	過去分詞
geschehen 起こる	*es* geschieht	**geschah**	geschähe	**geschehen**
gewinnen 得る		**gewann**	gewänne (gewönne)	**gewonnen**
graben 掘る	*du* gräbst *er* gräbt	**grub**	grübe	**gegraben**
greifen つかむ		**griff**	griffe	**gegriffen**
haben 持っている	*du* hast *er* hat	**hatte**	hätte	**gehabt**
halten つかんでいる	*du* hältst *er* hält	**hielt**	hielte	**gehalten**
hängen かかっている		**hing**	hinge	**gehangen**
heißen ～と呼ばれる		**hieß**	hieße	**geheißen**
helfen 助ける	*du* hilfst *er* hilft	**half**	hülfe (hälfe)	**geholfen**
kennen 知る		**kannte**	kennte	**gekannt**
kommen 来る		**kam**	käme	**gekommen**
können ～できる	*ich* kann *du* kannst *er* kann	**konnte**	könnte	**gekonnt** (können)
laden 積む	*du* lädst *er* lädt	**lud**	lüde	**geladen**
lassen ～させる	*du* lässt *er* lässt	**ließ**	ließe	**gelassen**
laufen 走る	*du* läufst *er* läuft	**lief**	liefe	**gelaufen**
lesen 読む	*du* liest *er* liest	**las**	läse	**gelesen**
liegen 横たわっている		**lag**	läge	**gelegen**
mögen 好きである ～かもしれない	*ich* mag *du* magst *er* mag	**mochte**	möchte	**gemocht** (mögen)
müssen ～しなければならない	*ich* muss *du* musst *er* muss	**musste**	müsste	**gemusst** (müssen)
nehmen 取る	*du* nimmst *er* nimmt	**nahm**	nähme	**genommen**

不定詞	直説法現在	直説法過去	接続法第2式	過去分詞
nennen 名を言う		**nannte**	nennte	**genannt**
raten 助言する	*du* rätst *er* rät	**riet**	riete	**geraten**
reiten 馬に乗る		**ritt**	ritte	**geritten**
rufen 呼ぶ		**rief**	riefe	**gerufen**
scheinen ～に見える, 輝く		**schien**	schiene	**geschienen**
schlafen 眠っている	*du* schläfst *er* schläft	**schlief**	schliefe	**geschlafen**
schlagen 打つ	*du* schlägst *er* schlägt	**schlug**	schlüge	**geschlagen**
schließen 閉じる		**schloss**	schlösse	**geschlossen**
schneiden 切る		**schnitt**	schnitte	**geschnitten**
schreiben 書く		**schrieb**	schriebe	**geschrieben**
schreien 叫ぶ		**schrie**	schriee	**geschrie[e]n**
schweigen 黙る		**schwieg**	schwiege	**geschwiegen**
schwimmen 泳ぐ		**schwamm**	schwömme (schwämme)	**geschwommen**
sehen 見る	*du* siehst *er* sieht	**sah**	sähe	**gesehen**
sein ～である	*ich* bin *du* bist *er* ist	**war**	wäre	**gewesen**
singen 歌う		**sang**	sänge	**gesungen**
sinken 沈む		**sank**	sänke	**gesunken**
sitzen すわっている		**saß**	säße	**gesessen**
sollen ～すべきである	*ich* soll *du* sollst *er* soll	**sollte**	sollte	**gesollt** (sollen)
sprechen 話す	*du* sprichst *er* spricht	**sprach**	spräche	**gesprochen**

不定詞	直説法現在	直説法過去	接続法第2式	過去分詞
stehen 立っている		**stand**	stünde (stände)	**gestanden**
steigen 登る		**stieg**	stiege	**gestiegen**
sterben 死ぬ	*du* stirbst *er* stirbt	**starb**	stürbe	**gestorben**
tragen 運ぶ	*du* trägst *er* trägt	**trug**	trüge	**getragen**
treffen 出会う	*du* triffst *er* trifft	**traf**	träfe	**getroffen**
treiben 追う		**trieb**	triebe	**getrieben**
treten 歩む	*du* trittst *er* tritt	**trat**	träte	**getreten**
trinken 飲む		**trank**	tränke	**getrunken**
tun する		**tat**	täte	**getan**
vergessen 忘れる	*du* vergisst *er* vergisst	**vergaß**	vergäße	**vergessen**
verlieren 失う		**verlor**	verlöre	**verloren**
verschwinden 消える		**verschwand**	verschwände	**verschwunden**
wachsen 成長する	*du* wächst *er* wächst	**wuchs**	wüchse	**gewachsen**
waschen 洗う	*du* wäschst *er* wäscht	**wusch**	wüsche	**gewaschen**
wenden 向ける		**wandte**	wendete	**gewandt**
werden ～になる	*du* wirst *er* wird	**wurde**	würde	**geworden**
werfen 投げる	*du* wirfst *er* wirft	**warf**	würfe	**geworfen**
wissen 知っている	*ich* weiß *du* weißt *er* weiß	**wusste**	wüsste	**gewusst**
wollen 〜したい	*ich* will *du* willst *er* will	**wollte**	wollte	**gewollt** (**wollen**)
ziehen 引く		**zog**	zöge	**gezogen**

杵渕博樹（きねふち　ひろき）
　　宮崎大学准教授

Sascha Klinger（サシャ・クリンガー）
　　元宮崎大学・宮崎県立看護大学非常勤講師

これがドイツ語だ！
―会話で文法―
Deutsche Grammatik macht Spaß!
Lernen durch Partnerübungen

2018年2月1日　　　　　初版発行

定価 本体 **2,400**円（税別）

編　者　　杵　渕　博　樹
　　　　　Sascha Klinger
発行者　　近　藤　孝　夫
印刷所　　研究社印刷株式会社
発行所　　株式会社　同 学 社
〒112-0005　東京都文京区水道 1-10-7
電話 03-3816-7011　振替 00150-7-166920

井上製本

ISBN978-4-8102-0889-4　Printed in Japan

| 許可なく複製・転載することならびに
部分的にもコピーすることを禁じます. |

アポロン独和辞典

[第3版]

根本・恒吉・吉中・成田・福元・重竹
有村・新保・本田・鈴木　　　　［共　編］

B6判・1836頁・箱入り・2色刷　　定価 本体 4,200円（税別）

初学者のために徹した最新の学習ドイツ語辞典！

◆最新の正書法に完全対応
◆実用に十分な5万語を収録
◆すぐ読めるカナ発音つき
◆学習段階に応じ見出し語をランク付け
◆「読む・書く・話す」を強力に支援
◆見やすい紙面・豊富な図版
◆すぐに役立つコラムと巻末付録
◆ドイツが見える「ドイツ・ミニ情報」

巻末付録 和独の部／手紙の書き方／環境用語／福祉用語／建築様式／ドイツの言語・政治機構・歴史／ヨーロッパ連合（EU）と欧州共通通貨ユーロ（Euro）／発音について／最新の正書法のポイント／文法表／動詞変化表

やさしい！ドイツ語の学習辞典

根本道也　編著

B6判・770頁・箱入り・2色刷　　定価 本体 2,500円（税別）

● 見出し語総数約7000語。カナ発音付き。
● 最重要語600語は、大きな活字で色刷り。
● 最重要語の動詞や名詞の変化形は一覧表でそのつど表示。
● 一段組の紙面はゆったりと見やすく、目にやさしい。
● 巻末付録：「和独」「簡単な旅行会話」「文法」「主な不規則動詞変化表」

〒112-0005　東京都文京区水道 1-10-7　　同学社　　tel 03-3816-7011　　fax 03-3816-7044
http://www.dogakusha.co.jp　　　　　　　　　　　　振替 00150-7-166920